COLEÇÃO
direto e reto
1ª Fase da OAB

Direito Penal

COLEÇÃO direto e reto
1ª Fase da OAB

Fernanda Salles Fisher

Direito Penal

EDITORA RIDEEL
Quem tem Rideel tem mais.

EXPEDIENTE

Fundador	Italo Amadio (*in memoriam*)
Diretora Editorial	Katia Amadio
Editoras	Janaína Batista
	Mayara Sobrane
Editora Assistente	Mônica Ibiapino
Projeto Gráfico	Sergio A. Pereira
Diagramação	WK Comunicação

Dados Internacionais de Catalogação na Publicação (CIP)
Angélica Ilacqua CRB-8/7057

Fisher, Fernanda Salles
    Direito penal / Fernanda Salles Fisher. - São Paulo : Rideel, 2022.
    (Direto e Reto 1ª Fase da OAB / Coord. por Pedro Henrique Abreu Benatto)

Bibliografia
ISBN 978-65-5738-200-4

1. Direito penal – Brasil I. Título II. Benatto, Pedro Henrique Abreu III. Série

21-5609

CDD 345
CDU 343.2

Índice para catálogo sistemático:
1. Processo penal - Brasil

© 2022 – Todos os direitos reservados à

EDITORA RIDEEL

Av. Casa Verde, 455 – Casa Verde
CEP 02519-000 – São Paulo – SP
e-mail: sac@rideel.com.br
www.editorarideel.com.br

Proibida a reprodução total ou parcial desta obra, por qualquer meio ou processo, especialmente gráfico, fotográfico, fonográfico, videográfico, internet. Essas proibições aplicam-se também às características de editoração da obra. A violação dos direitos autorais é punível como crime (art. 184 e parágrafos, do Código Penal), com pena de prisão e multa, conjuntamente com busca e apreensão e indenizações diversas (artigos 102, 103, parágrafo único, 104, 105, 106 e 107, incisos I, II e III, da Lei nº 9.610, de 19-2-1998, Lei dos Direitos Autorais).

1 3 5 7 9 8 6 4 2
0 1 2 2

Agradecimentos

Primeiro, agradeço ao meu querido amigo Pedro Henrique A. Benatto pela oportunidade de participar deste maravilhoso projeto juntamente com a Editora Rideel.

Agradeço a minha família, que sempre está ao meu lado, principalmente a minha querida filha Vitória e amada Vanessa.

Sobre a autora

Fernanda Salles Fisher

Advogada criminal. Bacharel em Direito pela Faculdade de Direito de São Bernardo do Campo – FDSBC. Especialista em Direito Constitucional pela Escola Superior do Direito Constitucional – ESDC. Doutora em Ciências Jurídicas pela Universidad Del Museo Social Argentino – UMSA. Professora de Processo Penal e Prática Penal em cursos preparatórios para Exame da OAB. Professora de Direito Processual Penal, Penal e Criminologia no Centro Universitário das Faculdades Metropolitanas Unidas – FMU-SP. Professora de Pós-graduação em Processo Penal e Penal. Autora de algumas obras jurídicas.

Apresentação

É com grande alegria que apresento esta coleção que reúne de forma objetiva, porém com profundidade, as matérias cobradas no Exame da OAB. Trata-se de material essencial para quem busca a aprovação nesse certame.

Os estudos para a OAB são cansativos, devido à cobrança de um grande número de matérias, o que gera dificuldade na assimilação, organização do conteúdo, resumos confiáveis e atualizados. Pensando nessas dificuldades, a Editora Rideel apresenta a **Coleção Direto e Reto**, com um volume específico para cada matéria, que traz de forma clara, didática e objetiva todo o conteúdo cobrado nas provas.

São obras estratégicas e pensadas para que os candidatos aproveitem ao máximo os temas estudados e conquistem a sonhada aprovação.

Os autores fizeram análises minuciosas dos exames anteriores, explorando questões e aplicando técnicas de aprendizagem, para que a realização da prova seja um sucesso.

Nesta coleção você encontrará dicas e resumos, como forma de estudo complementar, ao final de cada capítulo, além de questões de exames anteriores com gabarito e dispositivo legal por meio de *QRcode* disponibilizado ao final desta apresentação. Ao apontar seu celular para esse código, você baixará um arquivo em PDF, com intuito de treinar o que foi lido.

Em tempo, agradeço à Editora Rideel pela viabilidade desse maravilhoso projeto e no trabalho zeloso e paciente de suas colaboradoras: Janaína Batista e Mônica Ibiapino.

Espero que a **Coleção Direto e Reto** faça parte do sucesso profissional de todos os leitores.

O Coordenador – Pedro Henrique Abreu Benatto

Lista de abreviaturas

ADCT – Ato das Disposições Constitucionais Transitórias
ADECON – Ação Declaratória de Constitucionalidade
ADIN – Ação Direta de Inconstitucionalidade
Art. – Artigo
Arts. – Artigos
c/c – combinado com
CC/1916 – Código Civil de 1916
CC – Código Civil de 2002
CCom. – Código Comercial
CDC – Código de Defesa do Consumidor
CE – Código Eleitoral
CF – Constituição Federal de 1988
CLT – Consolidação das Leis do Trabalho
CNJ – Conselho Nacional de Justiça
CP – Código Penal
CPC/1973 – Código de Processo Civil de 1973
CPC – Código de Processo Civil de 2015
CPM – Código Penal Militar
CPP – Código de Processo Penal
CPPM – Código de Processo Penal Militar
CTB – Código de Trânsito Brasileiro
CTN – Código Tributário Nacional
Dec. – Decreto
Dec.-lei – Decreto-lei
DOU – *Diário Oficial da União*

EC – Emenda Constitucional
ECA – Estatuto da Criança e do Adolescente
ECR – Emenda Constitucional de Revisão
ER – Emenda Regimental
FGTS – Fundo de Garantia do Tempo de Serviço
IN – Instrução Normativa
LC – Lei Complementar
LCP – Lei das Contravenções Penais
LEP – Lei de Execução Penal
LINDB – Lei de Introdução às Normas do Direito Brasileiro (Dec.-Lei nº 4.657, de 4-9-1942)
MP – Medida Provisória
OAB – Ordem dos Advogados do Brasil
par. ún. – parágrafo único
Port. – Portaria
Res. – Resolução
Res. Adm. – Resolução Administrativa
Res. Norm. – Resolução Normativa
RISTF – Regimento Interno do Supremo Tribunal Federal
RISTJ – Regimento Interno do Superior Tribunal de Justiça
STF – Supremo Tribunal Federal
STJ – Superior Tribunal de Justiça
Súm. – Súmula
TFR – Tribunal Federal de Recursos
TJ – Tribunal de Justiça
TRF – Tribunal Regional Federal
TRT – Tribunal Regional do Trabalho
TSE – Tribunal Superior Eleitoral
TST – Tribunal Superior do Trabalho

Sumário

Agradecimentos V
Sobre a autora VII
Apresentação IX
Lista de abreviaturas XI

1 – Fontes do Direito Penal 1
   Conceito 1
   Fontes formais imediatas segundo a doutrina moderna 2

2 – Lei penal 9
   Lei penal em branco 10
   Interpretação da lei penal 11
      Conceito 11
         Quanto à origem (pessoa responsável pela interpretação da norma penal) 12
         Quanto ao modo (meios utilizados para interpretar) 12
         Quanto ao resultado 13
   Interpretação analogia 13

3 – Princípios constitucionais do Direito Penal 17
   Princípios importantes do Direito Penal 18

4 – Lei penal e sua eficácia 23
   Lei penal no tempo 23
   Conflito aparente de normas 24
      Conceito 24
   Leis especiais 28

Competência para aplicar – *novatio legis in mellus* e *abolitio criminis* 29
Lei penal no espaço... 30

5 – Territorialidade 33

Hipóteses que não se aplica a Lei Brasileira a fatos cometidos em Território Nacional 33
Diplomatas.. 34
Extensão do Território Brasileiro 35
    Extraterritorialidade – art. 7º do CP 36
Princípios da Extraterritorialidade... 36
Espécies 36
    Extraterritorialidade Incondicionada – art. 7º, I, do CP. 36
    Extraterritorialidade condicionada – art. 7º, II, do CP............... 37
    Extraterritorialidade hipercondicionada 38
        Direito Penal Internacional 38
    Pena cumprida no estrangeiro – art. 8º do CP 39
    Contagem de prazo penal – art. 10 do CP 40

6 – Teoria do crime 43

O conceito de crime pode ser: material, formal e analítico........... 43
Classificação de Crime... 43

6 – Fato típico 47

Elementos do fato típico... 47
Conduta 47
Elementos da conduta... 48
    Erro de tipo 48
    Existem dois tipos de erros de tipo – os essenciais e os acidentais... 48
    Erro provocado por terceiro – art. 20, § 2º, do CP 50
    Dolo e culpa – art. 18 do CP... 50

Sumário

Resultado 52
Nexo causal – art. 13 do CP 53
    Conceito 53
    Crimes omissivos impróprios ou comissivos por omissão –
    art. 13, § 2º, do CP 56
Tipicidade 57
Tipo penal 57

7 – Antijuricidade – Ilicitude 63

Conceito 63
    Tipos de excludentes de ilicitude – art. 23 do CP e causa
    supralegal 63
    Excesso Punível – art. 23, par. ún., do CP 64
    Estado de necessidade – art. 24 do CP 65
    Legítima defesa – art. 25 do CP 66
Exercício regular de Direito 68
Estrito cumprimento do dever legal 68
    Descriminantes putativas – art. 20, § 1º, do CP 68
        Conceito 68

8 – Culpabilidade 73

Conceito 73
Imputabilidade x Inimputabilidade 74
    Causas que não excluem a Imputabilidade do Agente –
    art. 28 do CP 75
Excludentes de Culpabilidade 76
    Causas Excludentes de Culpabilidade por falta do Elemento
    Imputabilidade 76
    Causas Excludentes de Culpabilidade por falta do elemento
    a Potencial Consciência de Ilicitude 77
    Causas Excludentes de Culpabilidade por falta do elemento
    Exigibilidade de Conduta Diversa 77

9 – Extinção da punibilidade 81

Conceito 81
Morte do Agente 82
Anistia, Graça ou Indulto... 83
Anistia 83
   Tipos de Anistia 85
      Indulto e Graça (Indulto Individual) 85
Abolitio Criminis.. 86
   Perdão judicial 87
   Renúncia ao direito de queixa ou perdão aceito 87
   Decadência, Perempção e Prescrição................................ 88
      Decadência 88
      Perempção 89
      Prescrição 89
      Para começar a calcular o Prazo Prescricional depois de Transitar em Julgado a Sentença Condenatória 92
      Prescrição da pena de multa – art. 114 do CP 93
      Contagem do Prazo Prescricional antes do trânsito em julgado da sentença condenatória 93
      Contagem do prazo prescricional após o trânsito em julgado da sentença condenatória 93
      Marcos interruptivos da prescrição............................ 93

10 – Iter criminis... 99

Conceito 99
   Situações em que o crime não se consuma 100
   Crimes que não admitem a tentativa 101
   Desistência Voluntária 101
   Arrependimento Eficaz 102
   Arrependimento Posterior – art. 16 do CP – Causa de Diminuição de Pena 102
   Crime Impossível – art. 17 do CP 103

Sumário

11 – Concurso de Pessoas 107

    Conceito 107

    Formas de Concurso de Pessoa 108

    Autoria Mediata 108

    Teoria quanto ao Concurso de Pessoas 109

    Autoria Colateral 110

    Autoria Colateral Incerta 110

12 – Teoria Geral das Penas 113

    Conceito de Pena 113

    As penas segundo a Constituição Federal de 1988 113

    Finalidade das Penas 114

    Princípios da Aplicação da Pena 114

    Penas Principais 115

        Das Penas Privativas de Liberdade 116

        Regime Inicial de Cumprimento de Pena 116

        Crimes Apenados com Reclusão – art. 33, § 2º, do CP 117

        Crimes Apenados com Detenção 118

    Cumprimento das Penas Privativas de Liberdade 119

        Cumprimento da Pena em Regime Fechado 119

        Cumprimento da Pena em Regime Semiaberto 120

    Pena Restritiva de Direitos 121

    Da Pena de Multa 122

    Do Livramento Condicional 122

    Requisitos Objetivos para concessão do Livramento 124

    Requisitos Subjetivos 124

13 – Concurso de Crimes 131

    Conceito 131

    Modalidades de Concursos de Crimes 131

        Concurso Material 131

Tipos de Concurso Material 131
Soma das Penas 132
Concurso Material e Penas Restritivas de Direito 132
Concurso Formal – conhecido como "Concurso Ideal" 134
Critério para aumento da Pena segundo a Jurisprudência Pacífica quando ocorrer mais de dois crimes em Concurso Formal 134
Concurso Formal Perfeito (Próprio) e Imperfeito (Impróprio) 134
Erro Acidental 135
Erro na Execução *(aberratio ictus)* com dois resultados 135
Resultado Diverso do Pretendido *(Aberratio Criminis)* com Dois Resultados 135
Concurso Material Benéfico 136

14 – Medida de Segurança 141

Conceito 141
Finalidade da Medida de Segurança 141
Alguns Princípios que se aplicam às Medidas de Segurança 141
Sistema de Aplicação 142
Diferença entre Pena e Medida de Segurança 142
Situações que o Juiz pode aplicar uma Medida de Segurança ao Réu 143
Espécies de Medidas de Seguranças de Acordo com o art. 96 do CP 146
Pressupostos da Medida de Segurança 147
Medida de Segurança e seu prazo máximo de duração 147
Procedimento para verificar a cessação da Periculosidade do Agente 149
Semi-Imputável – Pena ou Medida de Segurança 150
Execução da Medida de Segurança 151
Cessação da Periculosidade – Extinção da Medida de Segurança 152

Sumário

Extinção e Prescrição da Medida 153
Prescrição 153
Medida de Segurança Provisória 154

15 – Ação Penal 159

Conceito 159
Princípios Gerais da Ação Penal – Pública ou Privada 159
Tipos de Ação Penal 160
Ação Penal – Condições da Ação Penal 161
Da Ação Penal Pública 162
    Princípios da Ação Penal Pública 162
    A Denúncia 163
    Prazo para a Denúncia 164
    Ação Penal Pública Incondicionada 164
    Ação Penal Pública Condicionada 165
    Representação do Ofendido 165
        Requisição do Ministro da Justiça 166
Da Ação Penal Privada 166
    Princípios da Ação Penal Privada 166
    Ação Penal Privada 167
    Tipos de Ação Penal Privada 168
    Dos Institutos da Ação Penal Privada 169

16 – Parte Especial 175

Dos Crimes contra a Vida – arts. 121 ao 128 do CP 175
    Crime – Homicídio 175
        Homicídio simples 175
Homicídio Qualificado 178
    Feminicídio 180
    Causas de Aumento Feminicídio – art. 121, § 7º, do CP 182
    Homicídio Culposo 182

Direito Penal

Induzimento, instigação ou auxílio a suicídio ou a automutilação	183
Conceito	183
Infanticidio	187
Crime de Aborto	189
Conceito	189
Tipos de Aborto segundo o Código Penal	190
Aborto provocado pela Gestante ou com seu consentimento	190
Aborto provocado por Terceiro	192
Aborto com consentimento da Gestante	193
Aborto Necessário e Aborto no caso de Gravidez resultante de Estupro	195
Antes do Julgamento da ADPF 54	196
O Julgamento da ADPF 54 e suas consequências	196
Crime de Lesão Corporal	197
Lesão Corporal de Natureza Grave	200
Lesão Corporal de Natureza Gravíssima	202
Lesão Corporal Seguida de Morte	204
Lesão Corporal – Privilegiada	204
Lesão Corporal Culposa	205
Dos Crimes contra Honra	207
Crime – Calúnia – art. 138 do CP	207
Exceção da Verdade – art. 138, § 3º, do CP	210
Crime de Difamação – art. 139 do CP	210
Exceção da Verdade – art. 139, par. ún., do CP	212
Exceção da Notoriedade	212
Da Injúria – art. 140 do CP	212
Injúria Racial – art. 140, § 3º, do CP	214

17 – Crimes contra o Patrimônio 229

Crime de Furto	229

Repouso Noturno 232
Furto Privilegiado 232
Furto Qualificado 233
Causa de Aumento do art. 155, § 4º-C, do CP 235

Crime de Roubo 236
Art. 157, § 1º, do CP – roubo impróprio 237
Roubo Majorado 239
Roubo Majorado – art. 157-A, § 2º, I e II, do CP 240
Crime de Extorsão Mediante Sequestro 242
Extorsão Mediante Sequestro Qualificado 243
Delação Premiada 244
Crime de Dano 244

Crime de Estelionato 247
Estelionato Privilegiado 250
Fraude Eletrônica 252
Causas de Aumento do § 2º-A 253
Crime de Receptação 254
Receptação Qualificada 254

18 – Dos Crimes em Licitações e Contratos Administrativos 271

Contratação Direta Ilegal 271
Frustração do Caráter Competitivo de Licitação 272
Patrocínio de Contratação Indevida 274
Modificação ou Pagamento Irregular em Contrato
Administrativo 276
Perturbação de Processo Licitatório 278
Violação de Sigilo em Licitação 279
Afastamento de Licitante 280
Fraude em Licitação ou Contrato 281
Contratação Inidônea 283
Impedimento Indevido 285

Omissão Grave de Dado ou de Informação por Projetista 286
Da Pena de Multa 288

19 – Atentado à Soberania 295
Atentado à Integridade Nacional 296
Espionagem 297
Abolição Violenta do Estado Democrático de Direito 299
Golpe de Estado 300
Interrupção do Processo Eleitoral 301
Violência Política 302
Sabotagem 303

Referências bibliográficas 309

1 – Fontes do Direito Penal

Conceito

Analisando a palavra *fonte* de maneira genérica, significa dizer que é a origem de algo. As fontes esclarecem como surgiu e como se exterioriza o Direito Penal para a sociedade.

Como é sabido, as fontes no Direito Penal se dividem em fontes materiais e fontes formais.

a) *Fontes materiais*: também chamadas de fontes de produção ou substancial. Elas dizem respeito ao órgão que tem competência para criar o Direito Penal. De acordo com art. 22, I, da CF, compete privativamente à União legislar sobre o Direito Penal; logo, ela é a fonte material.

DICA DIRETO E RETO

Cumpre destacar que não é somente a União que pode legislar sobre Direito Penal. Há uma *exceção* no par. ún. do art. 22 da CF, a qual preconiza que a União pode, por meio de lei complementar, autorizar o Estado a criar lei penal incriminadora (criar crime e pena) em questões específicas.

> Art. 22. Compete privativamente à União legislar sobre:
> I – direito civil, comercial, penal, processual, eleitoral, agrário, marítimo, aeronáutico, espacial e do trabalho;
> *Parágrafo único. Lei complementar* poderá autorizar os Estados a legislar sobre questões específicas das matérias relacionadas neste artigo. (grifos nossos)

b) *Fontes formais:* também são conhecidas como fontes de revelação, cognição ou de conhecimento. É forma de se exteriorizar o Direito Penal, como se propaga o direito penal criado, ou seja, é a maneira pela qual as regras penais são apresentadas para a sociedade.

Fonte formal, segundo a doutrina clássica pode ser:

a) *Imediata* – a lei – somente a lei mostra o direito penal imediatamente;
b) *Mediata* – os costumes (não são fontes de produção de leis – não fazem leis penais) e os princípios.

Fonte formal, de acordo com a doutrina moderna, pode ser:

a) *Imediata* – são seis fontes: a lei, a CF, os Tratados Internacionais de Direitos Humanos, os princípios, os atos administrativos em norma penal em branco, a jurisprudência. Mas, só a lei é fonte formal incriminadora. Estas fontes imediatas revelam o direito penal imediatamente;
b) *Mediata* – a doutrina.

Fontes formais imediatas segundo a doutrina moderna

a) *A lei* – é o único instrumento normativo capaz de criar crime e contravenções penais e cominar pena;
b) *Constituição Federal* – de acordo com a doutrina moderna, é fonte imediata do Direito Penal – não pode criar crime e cominar pena, mas, pode determinar patamares mínimos (mandado constitucional de criminalização expressos e implícitos), que obrigam o legislador a proteger determinados temas.

1 – Fontes do Direito Penal

Os mandados constitucionais de criminalização possuem na CF matérias relativas ao Direito Penal, expressamente previstas, as quais o legislador não tem a faculdade de legislar, mas, sim, a obrigatoriedade de tratar, conforme expõe, por exemplo:

- *art. 5º, XLIII, da CF* – diz que o tráfico, tortura, terrorismo e os crimes hediondos são inafiançáveis e insuscetíveis de graça, anistia e indulto; logo o legislador não pode criar uma norma infraconstitucional permitindo a fiança nesses crimes;
- *art. 228 da CF* – declara que os menores de 18 anos são inimputáveis;
- *art. 5º, XLII, da CF* – o racismo é crime inafiançável e imprescritível. A CF não está criando o crime de racismo, apenas está alertando ao legislador que o crime de racismo é imprescritível, inafiançável.

Os mandados constitucionais de criminalização implícitos surgem com a finalidade de evitar a intervenção insuficiente do Estado (imperativo de tutela), por exemplo:

- o legislador jamais poderia tirar o crime de homicídio do ordenamento jurídico, porque a CF garante o direito à vida;
- o direito à vida é mandado constitucional de criminalização implícito do homicídio.

Com base neste mesmo mandado constitucional, ou seja, o direito à vida – questiona-se a constitucionalidade das propostas de legalização do aborto.

Um ponto importante a ser observado, que apesar de a CF ser superior à lei, ela não pode criar infrações penais ou cominar sanções, isso, porque possui um processo moroso de alteração

(Emenda Constitucional), razão pela qual a própria CF reserva a criação de crime e cominação de pena à lei.

c) *Tratados internacionais de direitos humanos* – trata de fonte formal imediata do Direito Penal. Não servem para criar crime/contravenção penal e, muito menos, pena no âmbito do direito interno, somente no âmbito do Direito Internacional.

Os tratados internacionais aparecem no nosso ordenamento de duas maneiras:

- c1) se for ratificado com quórum de Emenda Constitucional, o tratado terá *status* constitucional;
- c2) se for ratificado com quórum comum, o tratado tem *status* de norma supralegal. Exemplo: Convenção Americana sobre os Direitos Humanos.

Tratados internacionais são muito utilizados no Brasil no Direito Penal não incriminador. A Convenção Americana – Pacto de São José da Costa Rica – fala sobre os direitos humanos. O Brasil aderiu a ele por intermédio do Dec. nº 678/1992. O Pacto, em seu art. 13, garante a liberdade de expressão e pensamento; logo a Comissão Interamericana de Direitos Humanos (CIDH) entende que a legislação de desacato vigente no Brasil contraria os termos da Convenção.

O STJ, no final de 2016, decidiu que o crime de desacato é inconvencional, pois contraria convenções aderidas pelo Brasil, logo não se deve punir o desacato para estar em conformidade com os compromissos internacionais. Assim, por exemplo, quando alguém xinga um policial não comete crime de desacato de acordo com esse posicionamento. Essa decisão é muito criticada.

1 – Fontes do Direito Penal

d) *Jurisprudência* – é fonte formal imediata, pois ela apresenta o Direito Penal para a sociedade, podendo, inclusive, ter caráter vinculante.

e) *Princípios* – são fontes imediatas da lei penal, pois por intermédio dos princípios os Tribunais absolvem ou reduzem a pena do acusado. A aplicação do princípio muitas vezes afasta a lei para solucionar o caso concreto.

f) *Atos administrativos em normas penais em branco* – os atos administrativos em normas penais em branco aparecem como fonte formal imediata quando complementam norma penal em branco.

Exemplo: a lei de drogas é complementada por uma portaria da ANVISA. Esta portaria demonstra o que é droga, e acaba revelando o Direito Penal imediatamente.

Fonte formal mediata, segundo doutrinadores modernos é a doutrina. Os costumes para os doutrinadores modernos são classificados como fontes informais do Direito Penal.

Fonte formal mediata, os doutrinadores clássicos consideram os costumes e os princípios gerais do direito como fontes formais mediatas.

RESUMO DO CAPÍTULO

As fontes esclarecem de onde surge e como se exterioriza o Direito Penal para a sociedade.

As fontes se dividem em: a) fontes materiais, b) fontes formais

a) fontes materiais: dizem respeito a que órgão compete que criar o direito penal. De acordo com art. 22, I, da CF/88, compete privativamente à União legislar sobre o Direito Penal, logo é ela a fonte material.

b) fontes formais: É forma de se exteriorizar o direito penal

Fonte formal – segundo a doutrina clássica pode ser:

a) Imediata – lei

b) Mediata – costumes e princípios

Fonte formal – de acordo com a doutrina moderna

a) Imediata – são seis fontes: a lei, CF, Tratados Internacionais de Direitos Humanos, princípios, atos administrativos norma penal em branco, jurisprudência. Mas, só a lei é fonte formal incriminadora. Estas fontes imediatas revelam o direito penal imediatamente.

b) Mediata – doutrina

Fonte formal mediata – segundo doutrinadores modernos é a doutrina.

Os costumes para os doutrinadores modernos são classificados como fontes informais do direito penal segundo a doutrina moderna.

Fonte formal mediata – de acordo com doutrinadores clássicos são:

a) os costumes

b) princípios gerais do direito

Lei Penal

A lei penal é a única capaz de criar um delito ou contravenção, bem como cominar pena ou medida de segurança. Ela possui quatro características importantes: a) exclusividade; b) imperatividade; c) generalidade; d) impessoalidade

A lei penal pode ser classificada em duas espécies: a) incriminadora e não incriminadora.

Lei penal: a) lei penal incriminadora; b) lei penal não incriminadora (lei em sentido amplo) – este tipo de norma não tem o objetivo criar infrações penais e nem cominar penas, subdividindo-se em 4 espécies: a) permissiva; b) explicativa ou interpretativa; c) complementar; d) leis de extensão ou

Lei Penal em Branco

A lei penal em branco também é denominada de normas penais cegas ou abertas, pois o seu preceito secundário é determinado, mas o preceito primário é incompleto. Elas se subdividem em: a) normas penais em branco homogêneo ou também chamadas em sentido; b) normas penais em branco heterogêneas ou também chamadas de em sentido estrito; c) norma penal em branco incompleta imersa/ao avesso

Interpretação da Lei Penal

Conceito – A interpretação norma penal é atividade que consiste em tirar da lei penal o seu real significado, bem como o seu alcance.

A interpretação é dividida em três formas, segundo a doutrina:

Quanto à origem (pessoa responsável pela interpretação da norma penal), se subdivide em: a) legislativa ou também chamada de autêntica; b) doutrinária ou também chamada de científica; c) judicial ou também chamada jurisprudencial;

Quanto ao modo (meios utilizados para interpretar): a) gramatical ou também chamada de literal ou sintática; b) teológica ou também conhecida por lógica; c) histórica; d) sistemática.

Quanto ao resultado – a interpretação quanto ao resultado, tem a seguinte divisão: a) declarativa; b) extensiva; c) restritiva

Interpretação analogia

Analogia – existe uma lacuna na lei, logo a lei penal será aplicada a um fato não abrangido por ela e nem por qualquer outra lei.

2 – Lei penal

A lei penal é a única capaz de criar um delito ou contravenção, bem como cominar pena ou medida de segurança. Ela possui quatro características importantes:

a) *exclusividade* – só a lei pode criar delitos/contravenções e determinar penas, de acordo com o princípio da legalidade;
b) *imperatividade* – é obrigatória a sua observância, logo a lei é destinada a toda a sociedade, independentemente da vontade de cada pessoa;
c) *generalidade* – todas a pessoas devem cumprir a lei penal (com eficácia *erga omnes*), até os inimputáveis, pois se descumprem a lei são passíveis de medida de segurança;
d) *impessoalidade* – a lei se dirige abstratamente a fatos futuros e não a pessoas, logo uma lei penal não pode ser criada para punir especificamente um único indivíduo.

A lei penal pode ser classificada em duas espécies: *incriminadora* e *não incriminadora*.

a) *lei penal incriminadora* – é lei que estipula as infrações penais e cominam as suas penas.

DICA DIRETO E RETO

A lei incriminadora é composta de um preceito primário (que anuncia a conduta) e de um preceito secundário (que anuncia a pena aplicável).

Ex.: homicídio – preceito primário – *matar alguém*; Preceito secundário – *pena* de 06 (seis) a 10 (dez) anos de reclusão.

b) *não incriminadora (lei em sentido amplo)* – este tipo de norma não tem o objetivo de criar infrações penais e nem cominar penas, subdividindo-se em quatro espécies:

1) *permissiva* (justificante ou exculpante) – torna legal determinadas condutas previstas como infração penal;
Ex.: as excludentes de ilicitude, arts. 23, 24 e 25 do CP.
2) *explicativa* ou *interpretativa* – é criada para esclarecer o conteúdo da lei;
Ex.: os arts. 327 e 150, § 4º, do CP, quando tratam do conceito de "funcionário público" e de "casa".
3) *complementar* – ela serve para trazer limites à lei incriminadora; fornece princípios gerais para a aplicação da lei penal;
Ex.: o art. 59 do CP, quando trata da aplicação de pena.
4) *leis de extensão* ou *integrativas* – são normas que permitem viabilizar a tipicidade de alguns fatos.

Lei penal em branco

A lei penal em branco também é denominada de normas penais cegas ou abertas, pois o seu preceito secundário é determinado, mas o preceito primário é incompleto. Elas se subdividem em:

a) *norma penal em branco homogênea ou também chamada em sentido amplo ou imprópria* – é aquela quando o complemento se origina da mesma fonte formal, ou seja, está previsto numa lei ordinária (a lei complementa a lei);

Ex.: o crime previsto no art. 237 do CP e a sua complementação de quais são as causas de nulidade absoluta do matrimônio estão previstas no art. 1.521 do CC.

b) *norma penal em branco heterogênea ou também chamada de em sentido estrito* – é aquela que o complemento está descrito em uma fonte formal distinta do tipo penal incriminador, ou seja, a lei penal é complementada por ato normativo infralegal, por exemplo, uma portaria;

Ex.: o crime de tráfico de drogas previsto no art. 33 da Lei de Drogas é complementado por uma norma administrativa da ANVISA.

c) *norma penal em branco incompleta inversa/ao avesso* – é aquela determinada no preceito primário, ou seja, o preceito primário está completo, porém existe indeterminação quanto à sanção. A descrição da conduta encontra-se perfeita no preceito primário, ao passo que a sanção não consta da lei; faz remissão a outra.

Ex. o art. 1º da Lei nº 2.889/1956 trata do crime de genocídio, porém as penas para este crime estão previstas no Código Penal.

Outro exemplo é o crime previsto no art. 304 do CP:

> Fazer uso de qualquer dos papéis falsificados ou alterados, a que se referem os arts. 297 a 302. Pena – a cominada à falsificação ou à alteração.

Interpretação da lei penal

Conceito

A interpretação norma penal é atividade que consiste em tirar da lei penal o seu real significado, bem como o seu alcance.

A interpretação é dividida em três formas, segundo a doutrina:

Quanto à origem (pessoa responsável pela interpretação da norma penal)

Se subdivide em:

a) *Legislativa ou também chamada de autêntica* – esta interpretação é feita pela própria lei, ou seja, em alguns dispositivos de determinados artigos do Código Penal esclarece outros;

Ex. é o § 4º do art. 150 que explica o que é "casa" para efeitos da lei penal.

b) *Doutrinária ou também chamada de científica* – a interpretação doutrinária é realizada por professores, por estudiosos do direito, autores de obras jurídicas por intermédio de seus livros, artigos jurídicos etc.;

c) *Judicial ou também chamada jurisprudencial* – interpretação judicial é aquela realizada por tribunais, juízes de primeira instância, porém a suas interpretações não tem força obrigatória, salvo no caso de súmulas vinculantes.

Quanto ao modo (meios utilizados para interpretar)

Neste caso, a interpretação pode ser gramatical, teológica, histórica e sistemática.

a) *gramatical ou também chamada de literal ou sintática* – nesta forma o interprete se vale do sentido literal das palavras contidas na letra da lei.

b) *teológica ou também conhecida por lógica* – nesta maneira de interpretação, a finalidade é buscar a literal vontade da lei, ou seja, os fins a que se destina o artigo penal.

c) *histórica* – neste modo, o interprete analisa os debates e projetos que antecederam a criação e aprovação da lei.

d) *sistemática* – o interprete busca o significado da norma penal realizando a integração do dispositivo penal com os demais artigos de uma mesma lei.

Quanto ao resultado

A interpretação quanto ao resultado, tem a seguinte divisão:

a) *declarativa* – o interprete verifica que a letra da lei é igual ao desejo do legislador ao elaborar a norma penal, ou seja, perfeita correspondência;
b) *extensiva* – neste caso o interprete entende que o legislador adotou um texto onde o vai além da sua real intenção, logo a interpretação será que a regra também seja ampliada em outras situações;
c) *restritiva* – neste caso, o texto de lei atingiu mais do que o legislador queria, logo o interprete (juiz, por exemplo) reduz seu alcance no concreto.

Interpretação analogia

Analogia – quando no caso concreto a lei não regula aquele tema, ou seja, existe uma lacuna na lei. Nesta situação a norma penal será aplicada a um fato não abrangido por ela e nem por qualquer outra lei.

> **DICA DIRETO E RETO**
> A analogia em penal só pode ser utilizada para beneficiar o acusado, é a chamada analogia *in bonam partem*.

Interpretação aplicando o princípio in dubio pro reo – o intérprete, em caso de dúvida, após ter utilizado as outras formas interpretativas, deverá decidir a questão da maneira mais favorável ao acusado.

RESUMO DO CAPÍTULO

Fontes do Direito Penal

– *Conceito:* as fontes esclarecem de onde surge e como se exterioriza o Direito Penal para a sociedade.

– As fontes se dividem em: fontes materiais e fontes formais.

a) *Fontes materiais*: dizem respeito a que órgão compete que criar o Direito Penal. De acordo com art. 22, I, da CF, compete privativamente à União legislar sobre o Direito Penal, logo é ela a fonte material;

b) *Fontes formais*: é a forma de se exteriorizar o Direito Penal.

– Segundo a doutrina clássica, pode ser:

a) *Imediata*: lei;

b) *Mediata*: costumes e princípios.

– De acordo com a doutrina moderna, pode ser:

a) *Imediata* – são seis fontes: a lei, a CF, Tratados Internacionais de Direitos Humanos, princípios, atos administrativos em norma penal em branco, jurisprudência. Mas, só a lei é fonte formal incriminadora. Essas fontes imediatas revelam o direito penal imediatamente.

b) *Mediata* – doutrina, segundo doutrinadores modernos. E de acordo com doutrinadores clássicos, são: a) os costumes e b) princípios gerais do direito.

– Os costumes para os doutrinadores modernos são classificados como fontes informais do direito penal segundo a doutrina moderna.

Lei Penal

– A lei penal é a única capaz de criar um delito ou contravenção, bem como cominar pena ou medida de segurança.

2 – Lei penal

Ela possui quatro características importantes: a) *exclusividade*; b) *imperatividade*; c) *generalidade*; d) *impessoalidade*.

– A lei penal pode ser classificada em duas espécies: a) *lei penal incriminadora*; b) *lei penal não incriminadora (lei em sentido amplo)* – este tipo de norma não tem o objetivo de criar infrações penais e nem cominar penas, subdividindo-se em quatro espécies: a) permissiva; b) explicativa ou interpretativa; c) complementar; d) de extensão ou integrativa.

Lei Penal em Branco

– A lei penal em branco também é denominada de normas penais cegas ou abertas, pois o seu preceito secundário é determinado, mas o preceito primário é incompleto. Elas se subdividem em: a) *normas penais em branco homogêneo ou também chamadas em sentido*; b) *normas penais em branco heterogêneas ou também chamadas de em sentido estrito*; c) *norma penal em branco incompleta imersa/ao avesso*.

Interpretação da Lei Penal

– *Conceito*: a interpretação da norma penal consiste em tirar da lei penal o seu real significado, bem como o seu alcance.

– A interpretação é dividida em três formas, segundo a doutrina:

a) *Quanto à origem* (pessoa responsável pela interpretação da norma penal), subdivide-se em:

1) legislativa ou também chamada de autêntica;

2) doutrinária ou também chamada de científica;

3) judicial ou também chamada jurisprudencial;.

b) *Quanto ao modo* (meios utilizados para interpretar):

1) gramatical ou também chamada de literal ou sintática;
2) teológica ou também conhecida por lógica;
3) histórica;
4) sistemática.

c) *Quanto ao resultado*, essa interpretação tem a seguinte divisão:

1) declarativa;
2) extensiva;
3) restritiva.

Interpretação por analogia

– *Analogia*: aplicada quando há uma lacuna na lei, ou seja, a lei penal será aplicada a um fato não abrangido por ela e nem por qualquer outra lei.

3 – Princípios constitucionais do Direito Penal

Os princípios são instrumentos utilizados pelos juízes e tribunais para balizarem as suas decisões, quando a lei por si só não consegue. São fontes formais, importantíssima, do direito penal para correta aplicação da lei no caso concreto. A Constituição Federal de 1988 apresenta alguns princípios penais com alcance bem claros e definido. Dentre eles temos:

a) *princípio da legalidade* – o princípio da legalidade está previsto no art. 5º, XXXIX, da CF, bem como no art. 1º do CP – não há crime sem lei anterior que o defina – *nullum crimen nulla poena sine praevia lege* (o sujeito ativo para ser punido por uma infração penal o crime ou contravenção penal, deverá conduta sempre estar prevista em lei), bem como não há pena sem previsão legal. O princípio da legalidade se subdivide em: reserva legal e anterioridade, que são considerados subprincípios. O princípio da anterioridade ou da irretroatividade da norma penal incriminadora, significa que uma pessoa só será punida pela lei penal que estiver em vigor na data da conduta prevista como crime. Já a reserva legal significa que somente a União pode criar lei penal e cominar pena;

b) *princípio da retroatividade da lei penal mais benéfica* – este princípio está expressamente previsto na Constituição Federal de 1988, em seu art. 5º, XL. Cabe ressaltar, que a lei posterior

só pode retroagir à data do fato para beneficiar o acusado, para prejudicar jamais. Esta retroatividade pode ocorrer até após o trânsito e julgado da sentença condenatória;
c) *princípio da intranscedência* – o princípio da intranscedência está esculpido no art. 5º, XLVI, da CF;
d) *princípio da individualização da pena* – o juiz ao aplicar a pena ao réu deve observa o que ele fez, logo a pena não deve ser padronizada.
e) *princípio da dignidade da pessoa humana* – este princípio está descrito no art. 1º, III, da CF. Por ele, o direito penal deve se guiar pela benevolência, garantindo o bem-estar da coletividade, incluindo-se os condenados, razão pela qual a Constituição Federal proíbe pena de morte, caráter perpétuo, trabalhos forçados, de banimento, cruéis (art. 5º, XLVII, da CF) e assegura o respeito à integridade física e moral do preso – art. 5º, XLIX, da CF.

Além dos principios constitucionais do direito penal, existem outros que são importantíssimos para interpretação e aplicação das leis penais, tais como:

Princípios importantes do Direito Penal

a) *princípio da taxatividade* – todo crime ou contravenção deve estar previsto em lei, de forma clara, ou seja, sem deixar margem a dúvida, logo seus conteúdos devem ser precisos e bem determinados;
b) *princípio da intervenção mínima* – o direito penal não deve interferir excessivamente na vida do indivíduo, ao ponto de lhe tirar a autonomia e liberdade. A lei penal não pode ser primeira opção (*prima ratio*) pelo legislador para resolver os

3 – Princípios constitucionais do Direito Penal

problemas existentes na sociedade, ou seja, deve ser *ultima ratio*, ou seja, a última solução a ser adotada pelo Poder Legislativo;

c) *princípio da fragmentalidade* – todas as lesões aos bens jurídicos protegidos devem ser tuteladas pelo direito penal, tendo em vista que nem todos os ilícitos configuram infrações penais. O direito penal é a última etapa de proteção ao bem jurídico;

d) *princípio da culpabilidade* – ninguém será penalmente punido se não tiver agido com dolo ou culpa – responsabilidade subjetiva. A regra é estar solto. Excepcionalmente preso;

e) *princípio da proporcionalidade* – as penas devem ser proporcionais com a natureza do crime, logo descabido exagero, nem tão pouco a extrema liberalidade na cominação das penas nos tipos penais incriminadores. Ex. Um furto não pode ter uma pena minima de 20 anos e um homicidio punir um fruto com uma pena de 20 anos e um homicídio coma pena de multa;

f) *princípio do ne* bis in idem (vedação da dupla punição pelo mesmo fato) – significa que nenhum indivíduo pode ser punido duas vezes pela prática da mesma infração;

g) *princípio da insignificância ou bagatela* – é uma causa de exclusão de tipicidade (supralegal), possui requisitos objetivos e subjetivos para que possa ser aplicado ao caso concreto.

Requisitos objetivos:

1) mínima ofensidade da conduta,
2) ausência de periculosidade social da ação,
3) o reduzido grau de reprovabilidade do comportamento,
4) inexpressiva lesão jurídica.

Requisitos subjetivos. Incide sobre vários tipos de crimes que tenham compatibilidade. Ex.: crimes contra ordem tributária; descaminho – art. 334 do CP. Um detalhe muito importante sobre o princípio da insignificância é o fato que não pode ser aplicado aos crimes praticados com violência e grave ameaça, nos crimes de drogas etc.

h) *princípio da lesividade ou ofensividade* – não se pode aceitar a incriminação de conduta não lesiva. Ex. o pensamento de uma pessoa;

i) *princípio da consunção ou absorção* – por este princípio o crime fim absorve o crime meio, logo o réu só responde por uma infração penal (crime fim). Exemplo: um homem invade um domicílio para furtar, neste exemplo o crime de furto (crime fim) absorve o crime de violação de domicilio (crime meio), logo o réu responderá apenas pelo art. 155 do CP (furto). O princípio da consunção, também chamado de princípio da absorção se aplica nas seguintes hipóteses: crime progressivo; progressão criminosa; e crime complexo.

   1) *crime progressivo* – o crime progressivo é quando o sujeito ativo deseja desde o início da sua conduta criminosa um resultado mais grave, ou seja, mediante diversos atos, realiza sucessivas e crescentes violações ao bem jurídico. Ex.: para matar alguém é necessário que antes o agente lesione a mesma pessoa. Há uma pluralidade de atos.

   2) *progressão criminosa* – o sujeito ativo tem inicialmente um desejo de um resultado, após atingi-lo, pratica novo fato – Ex. Paulo Roberto inicialmente quer lesionar Marco Antônio, mas durante a execução do crime de lesões corporais, altera o dolo e resolve matar.

   3) *crime complexo* – o crime complexo é aquele que possui duas ou mais infrações penais autônomas reunidas em um

3 – Princípios constitucionais do Direito Penal

único tipo penal – latrocínio do art. art. 157, § 3º, do CP = este tipo penal reúne dois crimes autônomos: roubo + homicídio.

j) *princípio da especialidade* – determina que a lei especial prevalecerá sob a norma geral. Ex. Assim, imagine que João mata Beatriz, Presidente do Senado Federal, por razões políticas. João neste caso não responderá pelo homicídio previsto no *art. 121 do CP (regra geral)*, mas sim pelo crime do *art. 29 da Lei de Segurança Nacional (lei especial)*;

k) *princípio da alternatividade* – se aplica aos tipos penais mistos ou também chamados alternativos, ou seja, o acusado só responde só por um crime, mesmo que cometa mais de uma conduta proibida no tipo penal. Ex.: João armazenava, transportava e vendia drogas todos os dias. Neste exemplo apesar de realizar três condutas previstas no art. 33 da Lei de Drogas (Lei nº 11.343/2006), responderá apenas por um crime de tráfico.

RESUMO DO CAPÍTULO

Princípios Constitucionais do Direito Penal

a) *princípio da legalidade* – que subdivide-se em: a) anterioridade; b) reserva legal

b) *princípio da retroatividade da lei penal mais benéfica* – art. 5º, XL, da CF.

c) *princípio da intrascedência* – art. 5º, XLVI, da CF.

d) *princípio da individualização da pena* –

e) *princípio da dignidade da pessoa humana* –art. 1º, III, da CF.

Outros Princípios Importantes

– Existem outros princípios que são necessários para interpretação e aplicação das leis penais, tais como:

a) princípio da taxatividade;

b) princípio da intervenção mínima;

c) princípio da fragmentalidade;

d) princípio da culpabilidade;

e) princípio da proporcionalidade;

f) princípio do *ne bis in idem* (vedação da dupla punição pelo mesmo fato);

g) princípio da insignificância ou bagatela;

– Requisitos objetivos:

a) mínima ofensidade da conduta;

b) ausência de periculosidade social da ação;

c) o reduzido grau de reprovabilidade do comportamento;

d) inexpressiva lesão jurídica;

e) princípio da lesividade ou ofensividade;

f) princípio da consunção ou absorção – o princípio da consunção, também chamado de princípio da absorção se aplica nas seguintes hipóteses:

1) crime progressivo;

2) progressão criminosa;

3) crime complexo.

g) princípio da especialidade;

h) princípio da alternatividade.

4 – Lei penal e sua eficácia

Lei penal no tempo

A lei penal no tempo serve para determinar em qual momento ocorreu a infração penal, ou seja, *quando* o crime foi praticado. Logo, para que seja aplicada ao caso concreto a justa lei penal, se deve definir o tempo do crime.

Em regra, tendo como base o princípio da legalidade a lei penal que deve ser aplicada é aquela vigente no momento da realização da conduta criminosa. Mas, existe exceção a esta regra, quando a lei posterior à conduta criminosa, for mais benéfica, essa pode retroagir para favorecer o réu.

> **DICA DIRETO E RETO**
>
> *art. 4º do CP* – considera praticado o crime no momento da ação ou omissão – independentemente do momento do resultado – observa que o CP adotou claramente a *Teoria da Atividade*.

Ex.: Quando João atirou (atividade) no Paulo, tinha 17 anos, mas quando Paulo morreu, João já tinha 18 anos – logo, não responde pelo crime de homicídio, pois QUANDO atirou era menor (inimputável).

A doutrina aponta três teorias para explicar o momento do crime, ou seja, quando ele ocorre segundo a lei penal brasileira, senão vejamos: *Teoria da atividade*, *Teoria do resultado* e *Teoria da ubiquidade* ou *mista*.

a) *Teoria da atividade* – o crime ocorre no momento da conduta comissiva ou omissiva. No Direito Penal brasileiro é essa a teoria adotada;
b) *Teoria do resultado* – para essa teoria o delito ocorre no momento da produção do resultado;
c) *Teoria da ubiquidade* ou *mista* – considera o crime praticado no momento da conduta ou no momento do resultado.

DICA DIRETO E RETO

– Um cuidado se deve tomar em relação a teoria da atividade quando o crime for continuado e permanente segundo a Súmula nº 711 do STF, que diz:

"A lei penal mais grave aplica-se ao crime continuado ou ao crime permanente, se a sua vigência é anterior à cessação da continuidade ou da permanência."

– O Código Penal adotou a teoria do resultado em relação ao tema "prescrição", ou seja, o referido prazo conta da data da consumação do crime.

Conflito aparente de normas

Conceito

Tal conflito surge quando duas ou mais leis são aparentemente aplicáveis ao mesmo fato. É aparente, pois apenas uma delas pode ser aplicada ao caso. Para caracterizar o conflito aparente de normas são necessários alguns requisitos:

a) somente uma infração penal, ou seja, referente a um fato;

4 – Lei penal e sua eficácia

b) duas ou mais normas regulando o mesmo fato criminoso;
c) incidência aparente de todas as normas ao caso concreto;
d) efetiva aplicação de apenas uma delas.

A solução para este conflito se dá por intermédio da aplicação dos princípios:

a) *Especialidade* – a lei especial deve ser aplicada e, não a regra geral. Tráfico internacional de drogas prevalece sobre contrabando (qualquer mercadoria proibida);
b) *Subsidiariedade* – nesta situação a norma primária (grau maior de violação) prevalece sobre a subsidiária. Ex. o crime de ameaça cabe dentro do constrangimento ilegal mediante ameaça – logo o acusado responde apenas pelo último;
c) *Consunção* – o fato mais grave absorve o mais fato brando;
d) *Alternatividade* – a lei descreve mais de uma conduta dentro do tipo penal, mas se o réu praticar mais de uma, estará cometendo apenas um crime. Ex.: o art. 33 da Lei de Drogas, traz várias condutas proibidas, tais como vender, armazenar, fabricar drogas. Se o acusado pratica todas elas, comete apenas um crime de tráfico.

Conflito Interporal de Normas entre a data dos fatos e a sentença – Pela ocorrência do *Abolitio Criminis* ou pela *Novatio Legis* Incriminadora

Primeiramente, cumpre esclarecer o que seria um conflito temporal de leis. Trata-se de uma situação onde existe mais de uma norma regulando o mesmo fato criminoso, porém de forma divergente, sendo que apenas uma delas pode ser aplicada ao caso concreto. Estas leis uma sucede a outra.

Para resolver o conflito intertemporal de normas entre a data dos fatos e a sentença se deve observar os princípios abaixo expostos:

a) *Princípio da irretroatividade da lei mais severa*: a lei penal mais severa nunca retroage para prejudicar o réu.
b) *Princípio da retroatividade da lei mais benéfica* – a lei posterior mais benéfica sempre retroagirá em favor do réu. Tal regra está prevista no art. 5º, XL da CF/1988 – " a lei penal não retroagirá, salvo para beneficiar o réu"

Nesta linha de raciocínio, temos o parágrafo único do art. 2º do CP que determina que "*lei posterior de qualquer modo favoreça o réu*", aplica-se aos fatos anteriores ainda que decididos por sentença condenatória transitada em julgado.

A CF e o CP deixam claro que, a lei penal não pode atingir fatos passados, logo não pode retroagir, salvo se for para beneficiar o acusado.

DICA DIRETO E RETO

Um grande problema pode surgir na prova da OAB, quando o enunciado trouxer um crime ocorrendo em uma data que vigora uma determinada lei, e a sentença sendo proferida após surgir uma lei nova que, pode piorar ou melhorar a situação do réu – *novatio legis in pejus* (piorar) ou *novatio legis in mellus* (melhorar), ou ainda, surge uma lei entre a data dos fatos e a sentença, que deixa de considerar uma determinada conduta crime (*abolitio criminis*).

Hipóteses de conflitos de leis penais no tempo, quando surge:

a) *abolitio criminis*;

4 – Lei penal e sua eficácia

b) *novatio legis incriminadora*;
c) *novatio legis in pejus*;
d) *novatio legis in mellius*.

   a) *Abolitio criminis* – a lei nova que surge aboli um crime da norma penal, ou seja, torna atípica penalmente uma conduta até então proibida pela lei penal. O crime ou contravenção é revogado pela superveniência de lei descriminalizadora. Ex. crime de adultério, previsto no art. 240 do CP, deixou de existir no nosso ordenamento penal em 2005, segundo determinou a Lei nº 11.106, de 28-3-2005. Logo, ocorreu em 2005 o *abolitio criminis*. Importante lembrar que quando ocorre o *abolitio criminis* gera extinção de punibilidade de acordo com o art. 107, II do CP.

   b) *Novatio legis* incriminadora – lei nova que não existia no código, no momento que a conduta criminosa foi praticada.

   c) A *novatio legis in pejus* – quando surge, durante a ação penal que está em curso, uma nova lei que piora (*lex gravior*) a situação réu, qual lei o juiz deve aplicar na hora de sentenciar, a que existia quando o acusado praticou o crime ou a nova lei em vigor? Nesta situação apresentada a lei que existia na época, pois a lei penal mais gravosa não pode retroagir para prejudicar o réu. Ex.: em 2014 João matou Maria. Em 2015 surgiu o feminicídio, o juiz quando for julgar deverá aplicar as penas de homicídio que existiam em 2014.

   d) A *novatio legis in mellus* – quando surge, durante a ação penal que está em curso, uma nova lei que melhora a situação réu, qual lei o juiz deve aplicar na hora de sentenciar, a que existia quando o acusado praticou o crime ou a nova lei em vigor? Já neste caso, a nova lei em vigor, pois ela é mais favorável ao réu, logo pode retroagir em favor do acusado conforme Constituição Federal. Ex. Em 2005 João foi pego usando drogas – nesta época o crime estava previsto art. 16 da Lei nº 6.368/1976 que aplicava uma pena privativa de liberdade ao usuário. Antes do juiz sentenciar em 2006 a lei mudou e despenalizou o crime de usuário. Na sentença o juiz deverá aplicar a lei mais benéfica, ou seja, o art. 28 da Lei nº 11.343/2006.

Leis especiais

Normalmente, o legislador cria crimes em leis que não tem prazo de vigência, ou seja, entra em vigor por tempo indeterminado. Porém, algumas vezes são criados crimes que duram por tempo determinado, são as chamadas leis penais especiais.

Existem dois tipos de leis penais especiais:

a) *Lei excepcional* – são aquelas que são criadas diante de um evento transitório, estado de anormalidade, por exemplo, leis que criam crimes por causa calamidades, guerras. Ex.: o Brasil sofre uma estiagem tão grave que falta água para a população, aí o Legislativo cria uma lei que tomar banho pelo período superior a 5 minutos é crime.

b) *Lei temporária* ("leis que nascem para morrer", ou seja, tem vigência por tempo determinado. É aquela que é criada com data para acabar sua vigência em relação a existência de determinados crimes. Ex.: Lei nº 13.284/2016 – Jogos Olímpicos – vigorou até 31-12-2016 – art. 3º do CP:

Características destas normas especiais:

1) *Autorrevogáveis* – para serem revogadas não precisam de uma lei nova.

2) *Ultratividade* – art. 3º do CP – *podem ser aplicadas ao sujeito ativo, mesmo que não existam mais, desde que o fato tenha ocorrido na sua vigência.*

> Art. 3º A lei excepcional ou temporária, *embora decorrido o período de sua duração ou cessadas as circunstâncias que a determinaram, aplica-se ao fato praticado durante sua vigência.* (grifos nossos)

Competência para aplicar – novatio legis in mellus e abolitio criminis

É muito importante saber qual é a autoridade judiciária competente para aplicar a nova lei que beneficia o réu ou instituto do *abolitio criminis*, pois a OAB faz muitas questões contendo o referido conflito interporal de normas e quem deve aplicá-las.

a) Durante a ação penal – É o juiz 1ª instância que aplicará a nova norma que melhora a situação do réu ou o instituto do *abolitio criminis*;
b) Na fase recursal – quem deve aplicar a nova lei que melhora a situação do acusado ou o *abolitio criminis* é Tribunal;
c) na fase da execução penal – Na fase da execução da pena o juiz das execuções penais aplicará a *novatio legis in mellus* ou *abolitio criminis* segundo o teor do verbete da Súmula nº 611 do STF: "Transitada em julgado a sentença condenatória, compete ao juízo das execuções a aplicação de lei mais benigna."

Vacatio legis – período que compreende entre a promulgação + publicação e entrada em vigor de uma lei. Neste período de *vacatio legis* – se a lei piora ou melhora a situação do réu, não se aplica a lei.

Lei penal no espaço

A lei penal no espaço serve para determinar *ONDE* o crime foi praticado.

Segundo o Código Penal para definir o lugar onde o delito foi praticado adotou a teoria da ubiquidade, portanto seguindo a orientação desta teoria, o crime é praticado *ONDE* ocorreu a ação ou omissão (*ATIVIDADE*), no lugar onde produziu o resultado (*RESULTADO*) e também no lugar que deveria ter produzido o resultado.

> **DICA DIRETO E RETO**
>
> Para memorizar a lei penal no tempo e no espaço, é só lembrar da sigla LUTA:
>
> **L** (ugar) **U** (biquidade) **T** (empo) **A** (tividade)

> **RESUMO DO CAPÍTULO**
>
> *Lei penal e sua eficácia*
>
> – *Lei no tempo* – a lei penal no tempo serve para determinar em qual momento ocorreu a infração penal, ou seja, "QUANDO" o crime foi praticado. Logo, para que seja aplicado ao caso concreto a justa lei.
>
> – *Conflito aparente de normas* – para caracterizar o conflito aparente de normas são necessários alguns requisitos:
>
> a) somente uma infração penal;
>
> b) duas ou mais normas regulando o mesmo fato criminoso;
>
> c) incidência aparente de todas as normas ao caso concreto;

d) efetiva aplicação de apenas uma delas.

– *Princípios que solucionam tal conflito*:

a) especialidade;

b) subsidiariedade;

c) alternatividade.

– *Conflito interporal de normas entre a data dos fatos e a sentença – pela ocorrência do* abolitio criminis *ou pela* novatio legis *incriminadora* – para resolver o conflito interporal de normas entre a data dos fatos e a sentença se deve observar os princípios:

a) princípio da irretroatividade da lei mais severa;

b) princípio da retroatividade da lei mais benéfica.

– Hipóteses de conflitos de leis penais no tempo, quando surge: *abolitio criminis*; *novatio legis* incriminadora; *novatio legis in pejus*; e *novatio legis in mellius*.

a) *abolitio criminis* – a lei nova que surge aboli um crime da norma penal, gera extinção de punibilidade de acordo com o art.. 107, II do CP;

b) *novatio legis* incriminadora – lei nova que não existia no código, no momento que a conduta criminosa foi praticada, podendo ser:

c) a *novatio legis in pejus*;

d) a *novatio legis in mellus*.

Leis especiais

– Às vezes são criados crimes que duram por tempo determinado, são as chamadas leis penais especiais. Existem dois tipos de leis penais especiais:

a) lei excepcional

b) lei temporária

– Características destas normas especiais:

a) autorrevogáveis

b) ultratividade

– *competência para aplicar* – *novatio legis in mellus* e *abolitio criminis*:

a) durante a ação penal – É o juiz 1ª instância;

b) na fase recursal é Tribunal;

c) na fase da execução penal – o juiz das execuções penais.

– *Vacatio Legis* – neste período de *vacatio legis* – se a lei piora ou melhora a situação do réu, não se aplica a lei.

Lei penal no espaço

– A lei penal no espaço serve para determinar *ONDE* o crime foi praticado. Segundo o Código Penal, para definir o lugar onde o delito foi praticado deve-se adotar a Teoria da ubiquidade.

L (ugar) U (biquidade) T (empo) A (tividade) = LUTA

Conflito Interporal de Normas

TEMPO DA CONDUTA CRIMINOSA	NOVA LEI QUE SURGE APÓS OS FATOS	RETROAGE OU NÃO RETROAGE
Fato atípico	Torna o fato típico a nova lei incriminadora	Lei incriminadora não pode retroagir
Fato típico	*novatio legis in pejus* – a nova lei prejudica o réu	Neste caso não retroage
Fato típico	*novatio legis in mellus* – a lei favorece o réu	Neste caso a lei deve retroagir – art. 2º, par. ún., do CP
Fato típico	*abolitio criminis*	Neste caso a lei deve retroagir – art. 2º, *caput*, do CP

5 – Territorialidade

Via de regra, os crimes que ocorrem em território nacional devem ser processados no Brasil, de acordo com art. 5º do CP. Mas, como esta regra não é absoluta, necessário compreender o princípio da territorialidade Temperada (também chamada de Mitigada).

Primeiramente, o princípio da territorialidade temperada ou mitigada – de acordo com este princípio, nem todos os crimes que ocorrem em território nacional serão processados no Brasil, pois traz exceções a esta regra. Ex.: Convenção de Viena traz imunidades – diplomatas (absolutas – qualquer crime que praticar) e cônsul (relativa – somente para os crimes em relação a sua função).

O território nacional sobre o foco jurídico é todo o espaço em que o Estado exerce a sua soberania, tendo como componentes:

a) solo ocupado pela corporação;
b) rios, lagos, golfos, portos, baías mares interiores;
c) mar territorial;
d) zona contígua;
e) zona econômica exclusiva;
f) espaço aéreo;
g) navios e aeronaves;
h) espaço cósmico.

Hipóteses que não se aplica a Lei Brasileira a fatos cometidos em Território Nacional

Os privilégios e imunidades diplomáticos e consulares estão previstos, respectivamente, na Convenção de Viena sobre Relações

Diplomáticas de 1961 no seu dispositivo 31, 1 e na Convenção de Viena sobre Relações Consulares de 1963:

a) *Imunidades Diplomáticas* – os diplomatas possuem inviolabilidade pessoal, logo não podem ser submetido a qualquer processo ou procedimento sem autorização do seu país de origem.

Diplomatas

- Decorre de regras de Direito Internacional Público, exemplo: Convenção de Viena.
- São imunes: os chefes de Estado, representantes de governos estrangeiros, agentes diplomáticos, pessoal técnico e administrativo das representações, os familiares e os funcionários de organismos internacionais (ONU, OEA, entre outros).
- Os empregados particulares dos agentes diplomáticos não possuirão imunidade criminal, salvo se houver tratado que a estabeleça.
- Objeto: imunidade da jurisdição criminal dos países em que exercem suas funções.
- O agente diplomático não é obrigado a depor como testemunha, salvo se para depor sobre fatos relacionados ao exercício de sua função.
- É renunciável.

b) *Imunidades parlamentares* estão previstas no dispositivo 53 da CF. Imunidades parlamentares absolutas: de natureza material ou substantiva, também chamadas de inviolabilidade ou imunidades penais, previstas no art. 53, *caput*, da Constituição Federal, que são decorrentes do mandato, irrenunciáveis (o inquérito policial e a ação penal não podem ser iniciados mesmo com a autorização do parlamentar) e se referem aos delitos de opinião. A Súm. nº 245 do STF – Essas imunidades não se estendem ao corréu do ilícito, que não goze dessa prerrogativa.

c) *Inviolabilidade do advogado* – o advogado possui a chamada imunidade judiciária, de acordo com art. 133 da CF, bem como a imunidade prevista no Estatuto da OAB no seu art. 7º, § 2º da Lei nº 8.906/1994.

> **DICA DIRETO E RETO**
> O STF e o STJ entendem que esta imunidade do advogado não atinge o crime de calúnia, apenas para injúria e difamação.

Extensão do Território Brasileiro

Uma grande dúvida surge quando vamos aplicar a lei penal, pois até onde é considerado território brasileiro para utilizar as regras previstas no Código Penal? O art. 5º, § 1º considera extensão do território nacional as seguintes embarcações e aeronaves:

> § 1º Para os efeitos penais, consideram-se como extensão do território nacional as embarcações e aeronaves brasileiras, de natureza pública ou a serviço do governo brasileiro onde quer que se encontrem, bem como as aeronaves e as embarcações brasileiras, mercantes ou de propriedade privada, que se achem, respectivamente, no espaço aéreo correspondente ou em alto-mar.

Extraterritorialidade – art. 7º do CP

O legislador neste dispositivo criou situações especiais de grande reprovabilidade, onde o Estado Brasileiro pode aplicar CP para crimes cometido fora do território nacional.

Quando o assunto é extraterritorialidade penal, a OAB adora criar enunciados onde os crimes são praticados no estrangeiro, mas o sujeito ativo pode ser punido no Brasil.

A doutrina e o Código Penal mencionam espécies de extraterritorialidade e a prova da OAB cobra em seus enunciados cada uma delas.

Princípios da Extraterritorialidade

a) *Princípio da nacionalidade passiva*: por este princípio o que interessa é a nacionalidade da vítima, logo aplica-se a lei brasileira ao crime praticado fora do Brasil, praticado por estrangeiro contra brasileiro, de acordo com art. 7º, § 3º, do CP;
b) *Princípio da nacionalidade ativa*: por este princípio o que se leva em conta é a nacionalidade do réu, logo aplica a lei brasileira ao crime praticado por brasileiro fora do Brasil, art. 7º, II, *b*, do CP;
c) *Princípio da Representação* – infrações que são praticadas em aeronaves e embarcações privadas quando ocorridos no estrangeiro e aí não venham a ser julgados, a lei penal também será aplicada – art. 7º, II, c, do CP.

Espécies

Extraterritorialidade Incondicionada – art. 7º, I, do CP

O art. 7º, I, do CP *trata da extraterritorialidade incondicionada*, ou seja, de crimes que se praticados no exterior, o réu será punido pelas normas penais brasileiras independente de qualquer condição.

> Art. 7º Ficam sujeitos à lei brasileira, embora cometidos no estrangeiro:
> I – os crimes:
> a) contra a vida ou a liberdade do Presidente da República;
> b) contra o patrimônio ou a fé pública da União, do Distrito Federal, de Estado, de Território, de Município, de empresa pública, sociedade de economia mista, autarquia ou fundação instituída pelo Poder Público;
> c) contra a administração pública, por quem está a seu serviço;
> d) de genocídio, quando o agente for brasileiro ou domiciliado no Brasil;

Por exemplo: matar o Presidente da República na África do Sul; roubar o Banco do Brasil na Flórida etc.

Extraterritorialidade condicionada – art. 7º, II, do CP

Como é sabido, para o agente ser punido pelas normas penais brasileiras pela pratica de crimes praticados no estrangeiro, ou seja, a chamada *extraterritorialidade condicionada* prevista no inciso II do art. 7º do CP, precisa cumular todas condições do § 2º para o agente ser punido pelas normas penais brasileiras.

> Art. 7º [...]
> II – os crimes:
> a) que, por tratado ou convenção, o Brasil se obrigou a reprimir;
> b) praticados por brasileiro;
> c) praticados em aeronaves ou embarcações brasileiras, mercantes ou de propriedade privada, quando em território estrangeiro e aí não sejam julgados.

§ 2º Nos casos do inciso II, a aplicação da lei brasileira depende do concurso das seguintes condições:

a) entrar o agente no território nacional;

b) ser o fato punível também no país em que foi praticado;

c) estar o crime incluído entre aqueles pelos quais a lei brasileira autoriza a extradição;

d) não ter sido o agente absolvido no estrangeiro ou não ter aí cumprido a pena;

e) não ter sido o agente perdoado no estrangeiro ou, por outro motivo, não estar extinta a punibilidade, segundo a lei mais favorável.

§ 3º A lei brasileira aplica-se também ao crime cometido por estrangeiro contra brasileiro fora do Brasil, se, reunidas as condições previstas no parágrafo anterior:

a) não foi pedida ou foi negada a extradição;

b) houve requisição do Ministro da Justiça.

Extraterritorialidade hipercondicionada

O estrangeiro que comete crime contra brasileiro fora do Brasil poderá ser punido pela lei penal brasileira, desde que cumule as condições do § 2º cumuladas + condições do § 3º ambos do art. 7º, II, do CP, esta é a chamada extraterritorialidade hipercondicionada.

Direito Penal Internacional

Segundo o art. 6º do CP- trata da situação onde um crime começou em um território e se consuma em outro. Da leitura do citado art. 6º do CP, conclui-se que foi adotada a Teoria da Ubiquidade pelo nosso diploma penal.

5 – Territorialidade

Essa teoria trazida pelo Código Penal, somente se aplica aos chamados *crimes à distância*, isto é, aqueles em que a conduta criminosa é praticada em um *país*, e o resultado vêm a ser produzido *em outro*. Ex.: ponte da amizade – vejo meu desafeto do lado do Paraguai e atiro – ele morre. Atirei o Brasil e o resultado se deu no Paraguai. Ambos os países podem processar

O Paraguai tem soberania para apurar o crime e condenar o réu. A pena eventualmente aplicada, ainda que com trânsito em julgado lá no Paraguai, não impede que o Brasil instaure o devido processo penal, inclusive condenando também o réu.

A pena cumprida no Paraguai deverá ser abatida da pena aplicada no Brasil, conforme determina o art. 8º do CP.

Pena cumprida no estrangeiro – art. 8º do CP

Para uma sentença condenatória estrangeira ter valor no Brasil, precisa ser homologada pelo Superior Tribunal de Justiça.

Após, a emenda constitucional 45 esse Tribunal Superior passou a ser competente para realizar a homologação de sentenças estrangeiras.

Ademais, não se pode perder de vista que uma sentença condenatória estrangeira homologada no Brasil, produz efeitos civis, como de indenização, perda do poder familiar.

O agente vai cumprir o saldo da pena no Brasil, senão vejamos: por exemplo. Condenado no Paraguai a 10 anos (cumpriu) e no Brasil foi condenado a 15 anos – vai cumprir no Brasil somente o saldo, ou seja, 5 anos. Se condenado a 10 anos no Paraguai (cumpriu) e depois 10 anos no Brasil – no Brasil considera pena cumprida.

Contagem de prazo penal – art. 10 do CP

O prazo penal previsto no art. 10 do CP é aplicado para punibilidade do agente, para contagem de cumprimento de pena, prescrição, decadência.

O prazo penal deve ser contado de forma diversa do prazo processual, senão vejamos: Inclui o dia do começo (por exemplo, se alguém é preso para cumprir a sua pena, às 20 horas do dia 10 de abril de 2020, este dia contará na pena).

O último dia do prazo não se conta. Quando o prazo for em dias, deve-se contar dia a dia e o prazo em meses conta mês a mês, pouco importando quantos dias tem cada mês. Se o último dia do prazo cair em dia que não é útil, deve se antecipar. Ex.: se o último dia do prazo acaba num sábado dia 12, considera como sendo o último dia do prazo sexta dia 11 (se útil).

RESUMO DO CAPÍTULO

Territorialidade

– Via de regra, os crimes que ocorrem em território nacional devem ser processados no Brasil, de acordo com art. 5º do CP. Mas, como esta regra não é absoluta de acordo com o princípio da territorialidade temperada ou mitigada.

– Existem hipóteses que não se aplica a lei brasileira a fatos cometidos em território nacional são:

a) *imunidades diplomáticas*;

b) *imunidades*;

c) *inviolabilidade do advogado ou judiciária*.

– *Considera extensão do território brasileiro* as hipóteses previstas no art. 5º, § 1º, do CP.

5 – Territorialidade

Extraterritorialidade

– A chamada extraterritorialidade está determinada no art. 7º e seus parágrafos do CP, tendo como princípios:

a) *princípio da nacionalidade passiva*;

b) *princípio da nacionalidade ativa*;

c) *princípio da representação*.

– O legislador neste dispositivo criou situações especiais de grande reprovabilidade, onde o Estado Brasileiro pode aplicar CP para crimes cometido fora do território nacional.

Espécies

a) extraterritorialidade incondicionada – art. 7º, I, do CP;

b) extraterritorialidade condicionada – art. 7, II, do CP;

c) extraterritorialidade hipercondicionada – estrangeiro que comete crime contra brasileiro fora do Brasil poderá ser punido pela lei penal brasileira, desde que cumule as condições do § 2º cumuladas + condições do § 3º, ambos do art. 7º, II do CP.

Direito Penal Internacional

– O art. 6º do CP trata da situação onde um crime começou em um território e se consuma em outro. Da leitura do citado art. 6º do CP, conclui-se que foi adotada a Teoria da Ubiquidade pelo nosso diploma penal.

Pena cumprida no estrangeiro – art. 8º do CP

– Para uma sentença condenatória estrangeira ter valor no Brasil, precisa ser homologada pelo Superior Tribunal de Justiça. Ex. condenado no Paraguai a 10 anos (cumpriu) e no Brasil foi condenado a 15 anos – vai cumprir no Brasil somente o saldo, ou seja, 5 anos. Se condenado a 10 anos no Paraguai (cumpriu) e depois 10 anos no Brasil – no Brasil considera pena cumprida.

Contagem de prazo penal – art. 10 do CP

– O prazo penal deve ser contado incluindo o dia do começo, porém exclui o último dia.

– Quando o prazo for em dias, deve-se contar dia a dia e o prazo em meses conta mês a mês, pouco importando quantos dias tem cada mês.

– Se o último dia do prazo cair em dia que não é útil, deve se antecipar.

6 – Teoria do crime

O conceito de crime pode ser: material, formal e analítico

O conceito material preconiza que crime é quando ocorre a violação de um bem penalmente protegido.

Conceito formal entende que crime uma conduta proibida por lei, com ameaça de pena criminal.

Conceito analítico determina que crime é: fato típico, antijurídico, culpável

Como é sabido, no Brasil existem mais de uma teoria para conceituar crime.

A teoria mais aceita pela doutrina é a bipartida que conceitua crime como sendo FATO TÍPICO + ANTIJURÍDICO (ILÍCITO) – esta corrente doutrinária que segue a prova da OAB.

A culpabilidade segundo entendimento desta teoria só se presta para saber se o agente vai ou não receber pena, a culpabilidade não faz parte do conceito de crime.

Classificação de Crime

a) *Crime comum* – é aquele que não exige nenhuma qualidade específica do sujeito ativo para sua prática.

   São exemplos os delitos de homicídio, de furto e de estupro.

b) *Crime próprio* – é aquele que exige determinada qualidade do sujeito ativo para sua prática. São exemplos o peculato, no qual se exige a qualidade de funcionário público (crime funcional); o autoaborto, que só pode ser praticado pela própria grávida; e o delito de entrega de filho menor a pessoa inidônea, o qual só pode ser praticado pelos genitores.

c) *Crime de mão própria* – é aquele que somente pode ser praticado pela própria pessoa, por si mesma.

São exemplos o falso testemunho e a falsa perícia.

d) *Crime material* – é aquele que prevê um resultado naturalístico como necessário para sua consumação.

e) *Crime formal* – não exige a produção do resultado para a consumação do crime, ainda que possível que ele ocorra.

f) *Crime de mera conduta* – É aquele em que a lei descreve apenas uma conduta, e não um resultado. Sendo assim, o delito consuma-se no exato momento em que a conduta é praticada.

g) *Crime habitual* – crime só ocorre se houver uma reiteração de atos. Ex. casa de prostituição.

h) *Crime comissivo* – é aquele que é praticado por um comportamento positivo do agente, isto é, um fazer. São comissivos os crimes de furto e de infanticídio.

i) *Crime omissivo* – é aquele que é praticado por meio de um comportamento negativo, uma abstenção, um não fazer.

j) *Crime instantâneo* – se consuma imediatamente, em um instante definido. Podemos exemplificar com o furto.

k) *Crime permanente* – a consumação se PROLONGA no tempo. A fase da consumação persiste enquanto desejar o agente. É o caso da extorsão mediante sequestro.

l) *Crime unissubsistente* – é aquele que se realiza com um único ato, como o desacato ou a injúria, ambos praticados verbalmente. A doutrina majoritária não admite tentativa deste tipo de crime.

m) *Crime plurissubsistente* – é aquele cuja prática exige mais de uma conduta para sua configuração. É o caso do homicídio, da extorsão mediante sequestro e do estelionato.

n) *Crime principal*: é aquele que existe independentemente da ocorrência de outro delito. Exemplos: furto, homicídio e estupro.

o) *Crime acessório* – é aquele cuja ocorrência depende de um crime anterior. Exemplos: receptação, lavagem de capitais e favorecimento real.

p) *Crime unissubjetivo, monossubjetivo ou de concurso eventual* – é aquele que pode ser praticado por apenas um indivíduo.

q) *Crime plurissubjetivo ou de concurso necessário* – para o crime ocorrer exige mais de um agente.

RESUMO DO CAPÍTULO

Teoria do Crime

– O conceito de crime pode ser: material, formal e analítico.

– O conceito analítico é o adotado pelo CP, determina que crime é: fato típico, antijurídico, culpável. A teoria mas aceita pela doutrina é a bipartida que conceitua crime como sendo FATO TÍPICO + ANTIJURÍDICO (ILÍCITO) – esta corrente doutrinária que segue a prova da OAB.

– A culpabilidade segundo entendimento desta teoria só se presta para saber se o agente vai ou não receber pena, a culpabilidade não faz parte do conceito de crime.

Algumas classificações de crime que caem na prova da OAB

a) crime comum;

b) crime próprio;

c) crime de mão própria;

d) crime material;

e) crime formal;

f) crime de mera conduta;

g) crime habitual;

h) crime comissivo;

i) crime omissivo;

j) crime instantâneo;

k) crime permanente;

l) crime unissubsistente;

m) crime plurissubsistente;

n) crime principal;

o) crime acessório;

p) crime unissubjetivo, monossubjetivo ou de concurso eventual;

q) crime plurissubjetivo ou de concurso necessário.

6 – Fato típico

Conceito: é toda atitude humana, positiva ou negativa, que acarreta um resultado que é considerado pela lei penal como crime/contravenção.

Elementos do fato típico

a) conduta do ser humano dolosa ou culposa;
b) resultado;
c) nexo de causalidade entre a conduta e o resultado;
d) tipicidade.

Conduta

É toda ação ou omissão do ser humano, consciente e com um fim.

Espécies de conduta: ação (comissivo) ou omissão (ausência de comportamento por parte do agente)

a) *omissivos próprios*: é aquele previsto expressamente na lei, ou seja, um tipo que já descreve um comportamento negativo no seu núcleo, ou seja, sujeito ativo, no caso, não tem o dever de evitar um resultado, mas simplesmente o dever de agir para não incorrer na prática do crime. Exemplo é o crime de omissão de socorro neste caso, em que a própria descrição do tipo penal é um não fazer (deixar de prestar assistência ou não pedir o socorro da autoridade pública).

b) *omissivos impróprios*: também chamado de comissivo por omissão, é aquele cujo dever jurídico de agir decorre de uma cláusula geral, que, no Código Penal Brasileiro, está previsto em seu art. 13, § 2º. O dever jurídico abrange determinadas situações jurídicas e se refere a qualquer crime comissivo. O sujeito tem o dever de evitar o resultado naturalístico. Por isso, tais delitos são chamados comissivos por omissão. São crimes naturalmente comissivos (praticados por um comportamento positivo, uma ação), como é o caso do homicídio, mas que podem ser praticados por uma conduta omissiva, no caso de o sujeito ter o dever jurídico de agir previsto na cláusula geral.

Elementos da conduta

a) erro de tipo – vinculado a conduta do sujeito;
b) ação/omissão;
c) voluntariedade e consciência;
d) dolo/culpa (teoria finalista – Hans Wezel) – o sujeito fazendo isso ele objetiva um fim.

Erro de tipo

O erro de tipo o sujeito ativo tem uma falsa percepção da realidade, ele imagina que está realizando uma conduta lícita, mas se engana. O erro de tipo está previsto no art. 20 do CP.

Existem dois tipos de erros de tipo – os essenciais e os acidentais

Erro de tipo essencial – recai sobre a elementar ou sobre a circunstância – sempre afasta o DOLO e se divide em:

1) *essencial evitável ou inescusável ou vencível* – afasta o dolo, mas agente responde se o crime tiver a modalidade culposa, pois neste tipo de erro se o agente tivesse tomado o mínimo de cuidado perceberia o erro;

2) *essencial inevitável ou escusável ou invencível* – Afasta o dolo (pois o sujeito ativo não tem consciência da sua conduta ilícita) e também afasta a culpa (pois o agente não tem a previsibilidade), logo deve ser absolvido nos termos do art. 386, III, do CPP;
3) *erro provocado por terceiro – art. 20, § 2º, do CP* – médico que coloca veneno na seringa e dá para enfermeira aplicar no paciente sem que ele a saiba do veneno. O provocado é isento de pena se o erro era inevitável. Agora se era evitável responde por culpa se houver essa modalidade no crime.

Erro acidental – não muda nada no tipo penal, o agente responde pelo crime. Ele se subdivide em cinco espécies:

a) erro quanto ao objeto *(error in objeto)* – Neste caso o sujeito ativo supõe que sua conduta recai sobre determinada coisa, sendo que na realidade ela incide sobre outra, mas o autor responderá pelo crime. Ex. João entra no Carrefour para furtar uma caixa de vodka, mas acaba levando uma caixa de pinga. Neste caso João responde pelo crime de furto consumado;
b) erro quanto a pessoa (*error in persona*) – No *error in persona*, o autor do crime vem a atingir **pessoa** diversa daquela que tinha a intenção de ofender, por se haver equivocado a respeito da identidade, ou seja, troca uma **pessoa** por outra. – art. 20, § 3º, do CP. Ex. filha quer matar o pai, mas por engano, achando ser seu pai, mata seu tio que é irmão gêmeo;
c) erro quanto ao nexo causal – este tipo de erro acidental não tem previsão legal, apenas é reconhecido a sua existência pela doutrina – Ex. O agente quer matar a vítima afogada, ai amarra a pedra em seu pescoço e joga no mar, mas a vítima morre porque a pedra bateu na sua cabeça;

d) erro na execução (*aberratio ictus*) – art. 73 do CP – é um erro de mira – Ex. João pega uma arma de fogo e atira em seu irmão, mas por inabilidade atinge sua namorada Maria. Neste caso temos apenas um resultado, logo João responde pelo crime de homicídio. Mas, pode ser que o erro na execução leve a dois resultados, nesta hipótese o agente responde pelas duas condutas praticadas em concurso formal próprio;
e) resultado diverso do pretendido (*aberratio criminis*) – art. 74 do CP – aberratio criminis – responde pelos dois crimes se atingir o bem pretendido em concurso formal. Neste caso atinge bem jurídico diverso do pretendido.

Erro provocado por terceiro – art. 20, § 2º, do CP

Nesta situação o agente é induzido a praticar o crime por uma terceira pessoa. Aquele que induz é o sujeito ativo provocador e aquela pessoa que praticou o crime induzido é chamado de provocado.

Quem responde pelo crime é o agente provocador (autor mediato). O sujeito ativo (autor imediato – agiu porque foi induzido) via de regra não responde pelo crime, salvo se tiver agido com dolo ou culpa. Ex.: o motoboy foi contratado por Maria para entregar um bolo a João. O Motoboy não imaginava que o bolo estava envenenado. Neste caso Maria (autora mediata) responde por homicídio doloso e o motoboy (autor imediato) não responde por crime.

Dolo e culpa – art. 18 do CP

No Brasil vigora o princípio da culpabilidade, logo uma pessoa só pode sofrer a punição da lei penal brasileira, se agir ao menos com culpa.

6 – Fato típico

O art. 18 do CP fala do dolo e culpa, que são as elementares subjetiva do tipo penal. Todos os crimes previstos no Código Penal ocorrem na modalidade dolosa ou culposa (são poucos os crimes culposos previstos no CP).

a) *dolo* – segundo a doutrina pacífica é vontade livre e consciente de se praticar o delito ou assumir o risco de produzir o resultado. O dolo se subdivide em:

   1) *direto* – é vontade do sujeito ativo m quer praticar a conduta proibida, como por exemplo, a vontade de matar (Teoria da Vontade)
   2) *indireto* (eventual) – neste caso o sujeito ativo assume o risco de produzir o resultado O dolo indireto se subdivide em: a) alternativo e b) eventual. No dolo eventual o sujeito ativo não quer produzir o resultado, mas se ele ocorrer não se incomoda.

b) *culpa* – o sujeito ativo não tem a intenção de praticar a conduta proibida (infração penal), mas acaba fazendo por imprudência, negligência ou imperícia, nestes casos há quebra por parte do agente de quebra de dever de cuidado e gera o crime.

Imperícia – o agente não tem aptidão técnica que a profissão ou atividade exige Ex.: médico que se dispõe a realizar cirurgia sem ter conhecimentos adequados sobre a especialidade da moléstia.

Imprudência – pratica de um fato considerado "perigoso" segundo o que pensa o "homem médio", age sem qualquer cautela. Ex.: desobedecer a sinal semafórico vermelho, indicativo de parada obrigatória.

Negligência – é o agente descuidado, ausência de precaução. Ex.: o pai que deixa substância tóxica, em cima da mesa da cozinha, ao alcance do filho.

> **DICA DIRETO E RETO**
>
> – Importante lembrar que só existe crime culposo se estiver previsto em lei expressamente.
>
> – Só ocorrerá o crime culposo se o agente age sem o dever de cuidado (previsibilidade) – o sujeito se porta como se não houvesse perigo.

Existem dois tipos de culpa:

1) *Consciente* (o sujeito ativo vê o resultado, mas não acredita que vai ocorrer – se acha hábil para fazer aquela conduta). Ex. o motorista acha que não provocará acidente ao dirigir em alta velocidade em uma estrada comum da cidade, pois é piloto de formula 1.
2) *Inconsciente* (sujeito ativo desatento – pratica o crime, pois não percebe o alcance das suas atitudes.

Existe diferença entre o dolo eventual e a culpa consciente. Na culpa consciente o sujeito ativo vê o resultado danoso que pode surgir com a sua conduta, mas não acredita que vai acontecer, não aceita o resultado. No dolo eventual, o sujeito ativo prevê o resultado, mas se ocorrer não se importa.

Resultado

Conceito: como é sabido o resultado é um dos elementos do fato típico. Logo, diante da conduta humana podem surgir dois resultados, o naturalístico e o normativo.

a) *Naturalístico*: o resultado naturalístico é toda modificação do mundo exterior provocada pela conduta voluntária e consciente humana. Nem todos os crimes produzem este tipo

de resultado. Quanto ao resultado naturalístico os crimes se classificam em material, formal ou de mera conduta.
b) *Normativo*: o resultado normativo é quando a conduta traz lesão ou perigo de lesão de um interesse tutelado pela norma penal, portanto de acordo com este conceito todo delito possui um resultado – tais como os crimes materiais, de mera conduta e formais.

Os crimes se classificam em de perigo e de dano de acordo com o resultado normativo.

a) Crime de dano – neste tipo de delito a consumação do bem jurídico protegido ocorre com a lesão do bem jurídico protegido pela norma penal. Ex. homicídio, furto.
b) O crime de perigo ocorre quando a consumação se dá com a exposição do bem jurídico protegido a uma situação de perigo. Ex. crime de abandono de menor – art. 134 do CP.

Nexo causal – art. 13 do CP

Conceito

Segundo a doutrina é a relação entre a conduta do sujeito ativo e a o resultado dela decorrente. Como é sabido, o art. 13 do CP adotou a teoria da equivalência dos antecedentes causais (também chamada de teoria *sine qua non*), ou seja, "causa é toda circunstância antecedente sem a qual o resultado não teria ocorrido".[1]

---

1 GONÇALVES, Victor Eduardo Rios. *Curso de Direito Penal:* parte geral. São Paulo: Saraiva, 2015. v. 1.

> Art. 13. O resultado, de que depende a existência do crime, somente é imputável a quem lhe deu causa. Considera-se causa a ação ou omissão sem a qual o resultado não teria ocorrido.

Para identificar quais fatos causaram o resultado efetivamente, deve pegar a teoria da equivalência dos antecedentes causais prevista no *caput* do art. 13 do CP e aplicar o método de eliminação hipotética dos antecedentes causais. Este método foi desenvolvido pelo professor Thyrén (1894) e deve ser aplicado no campo mental da suposição.

DICA DIRETO E RETO

Ex.: João compra um veneno para colocar no vinho de Maria sua esposa. Quando Maria chega em casa, João coloca o jantar e a garrafa de vinho que Maria adorava. Ele também comprou também um maço de cigarro da marca Marlboro, pois não consegue largar o vício. João joga o veneno no vinho. Maria ingere o vinho e morre envenenada.

Neste exemplo quais são os fatos que são consideradas causas da morte de Maria?

Vamos eliminar mentalmente alguns fatos:

– Se a resposta for sim, o ato não é causa do crime. Agora, se a resposta for não, o ato é causa do crime.

– Exclua mentalmente a compra do veneno – e pergunte se o crime ocorreria? Neste caso a resposta é não, logo a compra do veneno deu causa ao resultado morte.

– Se a resposta for não o fato excluído mentalmente deu causa ao resultado. Se a resposta for positiva, ou seja, o crime continuaria a ocorrer sem aquele fato, logo não é causa.

> – Exclua mentalmente a compra do vinho – e pergunte se o crime ocorreria ou não.
>
> – A resposta neste caso também é não, logo a compra do vinho também deu causa ao resultado.
>
> – Exclua mentalmente a compra do maço do cigarro – e pergunte se o crime ocorreria ou não.
>
> – Neste caso, mesmo que não fosse realizada a compra do cigarro o homicídio ocorreria, logo como a resposta é sim, o crime ocorreria – a compra do cigarro *não* é causa do resultado morte, pois com ou sem esta compra o delito de homicídio existiria.

A parte final do *caput* do art. 13 do CP traz o conceito de causa, como sendo toda ação ou omissão sem a qual o resultado não se daria.

a) *Concausas* – é toda causa que concorre paralelamente a outra causa.
b) *Concausas absolutamente independentes* – são aquelas onde o agente não responde, pois não deram causa ao resultado.

Existem as concausas relativamente independentemente onde o agente responde pela sua conduta. Elas podem ser:

a) *preexistente* – são aquelas que existem antes da conduta do autor do crime – Ex. João querendo matar Paulo lhe desfere uma facada, mas não acerta em órgão vital. Paulo é hemofílico e acaba morrendo porque sangra muito. Neste caso ele responde pelo homicídio consumado.
b) *concomitante* – são as concausas que se verificam ao mesmo tempo que a conduta do autor do crime. Ex. no exato instante

que o agente atira na vítima essa vem a sofrer um infarto e morre (por causa do susto do tiro). Responde pelo homicídio.

c) *superveniente* – rompe o nexo causal, o réu não responde pelo resultado, mas somente pelos atos já praticados. São causas posteriores a conduta do agente. Ex.: vítima toa um tiro no abdome e é colocada numa ambulância. Durante o trajeto a ambulância bate e a vítima falece diante de novos ferimentos. Neste caso só responderá homicídio tentado.

Crimes omissivos impróprios ou comissivos por omissão – art. 13, § 2º, do CP

Nos crimes omissivos impróprios o autor tem o dever de agir e não o faz, logo diante da sua omissão produz o resultado. Neste caso o agente responde por esse resultado por dolo ou culpa.

Destaca-se que se o agente possui o dever de agir, porém *não pode* agir = não há que se falar no resultado. Ex. o bombeiro que não consegue entrar no prédio que está pegando fogo e não existe como entrar, pois, o fogo já dominou o prédio inteiro e ele pode morrer se entrar.

Existem 3 hipóteses previstas no diploma penal em que o agente vai responder pelo crime que ocorreu – art. 13, § 2º, do CP.

a) Tenha por lei obrigação de cuidado, proteção ou vigilância – É o caso do pai, mãe, o bombeiro militar, entre outros.

b) De outra forma, assumiu a responsabilidade de impedir o resultado; Nesse item temos uma relação contratual. Podemos citar como exemplo a diretora da escola que assume a responsabilidade de impedir qualquer resultado lesivo aos alunos; os professores, ou, ainda, os médicos e enfermeiros, em relação aos pacientes entregue a seus cuidados.

c) Com seu comportamento anterior, criou o risco da ocorrência do resultado.

Seria o caso do vizinho que acendeu uma fogueira para queimar seu lixo e, entretanto, esquece de apaga-la, ocasionando um incêndio de grandes proporções, atingindo o imóvel de vizinho, que vem a óbito.

Tipicidade

A tipicidade também é um elemento do fato típico. Segundo a doutrina moderna a tipicidade se subdivide em formal e material.

a) *tipicidade formal* – é a subsunção do fato real à norma penal existente.
b) *tipicidade material* – faz um juízo de valor no que tange a relevância da lesão ou do perigo de lesão o bem jurídico protegido pela norma.

Com pensamento moderno que a tipicidade não está somente presa a subsunção do fato real a norma, mas também a relevância da lesão ou perigo de lesão, possibilita a aplicação do princípio da insignificância como hipótese de tornar uma conduta atípica.

Tipo penal

Segundo o professor Rogério Saches [2] "o tipo penal retrata o modelo da conduta proibida pelo ordenamento jurídico-penal".

O tipo penal é formado por elementares (elementos) e as vezes por circunstâncias.

---

2   CUNHA, Rogério Sanches. *Manual de Direito Penal*: parte geral (arts. 1º ao 120), 8.ed. rev.,ampl. e atual. Salvador: JusPODIVM, 2020.

Elementares (também chamado de elementos do tipo penal – aquilo que compõe a conduta proibida pela lei) são aquelas que compõe o tipo penal, sem elas o crime não existe. Estão no *caput* do tipo penal. Ex. art. 121 do CP – "matar alguém" – este tipo penal possui duas elementares – matar e a outra é "alguém", então se alguém matar uma barata, não cometeu o crime de homicídio, pois apesar da sua conduta ter a elementar matar, não possui a elementar alguém (matou uma barata).

Existem três tipos de elementares: objetiva, subjetiva e normativa

Elementar objetiva (também chamado como elemento objetivo) – são aqueles que bastar olhar para identificar, ou seja, existem de forma concreta no mundo. Exemplos de elementos objetivos que se encontra dentro do tipo penal – tempo do crime, objeto material, meios de execução, núcleo do tipo.

Elementar subjetiva (também conhecido como elemento subjetivo) é à vontade (*animus*) do agente.

Elemento normativo – dependem de um juízo de valor, uma análise no caso concreto, ou seja, um exemplo de lamentar normativa no crime do furto é "alheia", de plano você não consegue visualizar se a coisa é alheia ou não, depende de um juízo de valor.

RESUMO DO CAPÍTULO

Fato típico

– Elementos do fato típico:

a) conduta do ser humano dolosa ou culposa;

b) resultado;

c) nexo de causalidade entre a conduta e o resultado;

d) tipicidade.

Conduta – ação ou omissão

– Espécies de conduta: ação (comissivo) ou omissão (ausência de comportamento por parte do agente):

a) omissivos próprios;

b) omissivos impróprios.

Elementos da conduta

a) erro de tipo – vinculado a conduta do sujeito;

b) ação/omissão;

c) voluntariedade e consciência;

d) dolo/culpa (teoria finalista – Hans Wezel) – o sujeito fazendo isso ele objetiva um fim.

Erro de tipo

– O erro de tipo está previsto no art. 20 do CP.

– Existem dois tipos de erros de tipo – os essenciais e os acidentais:

a) *erro de tipo essencial* – sempre afasta o *dolo* e se divide em:

1) *essencial evitável ou inescusável ou vencível* – afasta o dolo, mas agente responde se o crime tiver a modalidade culposa;

2) *essencial inevitável ou escusável ou invencível* – afasta o dolo (pois o sujeito ativo não tem consciência da sua conduta ilícita) e também afasta a culpa.

b) *erro acidental* – não muda nada no tipo penal, o agente responde pelo crime. Ele se subdivide em cinco espécies:

a) erro quanto ao objeto (*error in objeto*);

b) erro quanto a pessoa (*error in persona*);

c) erro quanto ao nexo causal;

d) erro na execução (*aberratio ictus*) – art. 73 do CP;

e) resultado diverso do pretendido (*aberratio criminis*) – art. 74 do CP.

Erro provocado por terceiro – art. 20, § 2º, do CP

– Nesta situação o agente é induzido a praticar o crime por uma terceira pessoa. Aquele que induz é o sujeito ativo provocador e aquela pessoa que praticou o crime induzido é chamado de provocado.

– Quem responde pelo crime é o agente provocador (autor mediato). O sujeito ativo (autor imediato – agiu porque foi induzido) via de regra não responde pelo crime, salvo se tiver agido com dolo ou culpa.

Dolo e culpa – art. 18 do CP

– No Brasil vigora o princípio da culpabilidade, logo uma pessoa só pode sofrer a punição da lei penal brasileira, se agir ao menos com culpa.

– O art. 18 do CP fala do dolo e culpa:

a) *Dolo* – segundo a doutrina pacífica é vontade livre e consciente de se praticar o delito ou assumir o risco de produzir o resultado. O dolo se subdivide em:

1) direto

2) indireto (eventual) – o dolo indireto se subdivide em:

– alternativo e

– eventual.

b) *Culpa* – o sujeito ativo não tem a intenção de praticar a conduta proibida (infração penal), mas acaba fazendo por imprudência, negligência ou imperícia. Existem dois tipos de culpa: *consciente* (o sujeito ativo vê o resultado, mas não acredita que vai ocorrer – se acha hábil para fazer aquela conduta) e *inconsciente*.

Resultado

a) naturalístico:

b) normativo:

– Os crimes se classificam em de perigo e de dano de acordo com o resultado normativo.

Nexo causal – art. 13 do CP

– Para identificar quais fatos causaram o resultado efetivamente, deve pegar a teoria da equivalência dos antecedentes causais prevista no *caput* do art. 13 do CP e aplicar o método de eliminação hipotética dos antecedentes causais. Este método foi desenvolvido pelo professor Thyrén (1894) e deve ser aplicado no campo mental da suposição.

– A parte final do *caput* do art. 13 do CP traz o conceito de causa, como sendo toda ação ou omissão sem a qual o resultado não se daria.

a) Concausas – é toda causa que concorre paralelamente a outra causa.

b) Concausas absolutamente independente – são aquelas onde o agente não responde, pois não deram causa ao resultado.

– Existem as concausas relativamente independentemente onde o agente responde pela sua conduta. Elas podem ser:

a) preexistente;

b) concomitante;

c) superveniente.

Crimes omissivos impróprios ou comissivos por omissão

– art. 13, § 2º, do CP – Nos crimes omissivos impróprios o autor tem o dever de agir e não o faz.

– Existem 3 hipóteses previstas no diploma penal em que o agente vai responder pelo crime que ocorreu – art. 13, § 2º, do CP.

a) tenha por lei obrigação de cuidado, proteção ou vigilância;

b) de outra forma, assumiu a responsabilidade de impedir o resultado;

c) com seu comportamento anterior, criou o risco da ocorrência do resultado.

Tipicidade

– Segundo a doutrina moderna a tipicidade se subdivide em formal e material.

a) tipicidade formal;

b) tipicidade material.

Tipo penal

– O tipo penal é formado por elementares (elementos) e as vezes por circunstâncias.

– Existem três tipos de elementares: objetiva, subjetiva e normativa.

7 – Antijuricidade – Ilicitude

Conceito

Quando uma pessoa pratica um fato que se encaixa em um tipo penal previsto no Código Penal, temos a tipicidade configurada. Logo, as infrações penais, via de regra, são condutas consideradas ilícitas (antijurídicas), porém o legislador criou situações onde mesmo o agente praticando uma conduta típica esta será considerada lícita, são as chamadas excludentes de ilicitude (antijuricidade)Então, não tem que analisar se o fato típico é ilícito ou não, e sim as hipóteses excepcionais que o fato típico é lícito – tenho que analisar se existe alguma causa que exclua ilicitude – legitima defesa etc.

Tipos de excludentes de ilicitude – art. 23 do CP e causa supralegal

O Código Penal no art. 23 elenca um rol exemplificativo de causas excludentes de ilicitude, onde mesmo a conduta sendo típica é lícita, mas também existem as causas supralegais de exclusão de ilicitude (não previstas em lei), como por exemplo o consentimento da vítima.

De acordo com art. 23 do CP, temos como excludentes de ilicitude expressamente a previstas:

a) estado de necessidade;
b) legítima defesa;

c) estrito cumprimento de dever legal;
d) exercício regular do direito.

Cumpre destacar, que também existem causas que excluem a antijuridicidade específicas, previstas na parte especial do CP, ou seja, que são aplicáveis a determinados crimes.

Os artigos de lei que descrevem causas excludentes de antijuricidade são chamados de tipos penais permissivos. Alguns tipos permissivos previstos na parte especial do CP:

a) no aborto para salvar a vida da gestante ou em decorrência de estupro – art. 128, incisos I e II do CP;
b) violação de domicílio – art. 150, § 3º, do CP;
c) nos crimes de injúria e difamação.

Excesso Punível – art. 23, par. ún., do CP

O excesso punível previsto no parágrafo único do art. 23 do CP, traz punição para o agente que estava inicialmente na sua conduta acobertado pela excludente de ilicitude, mas ato contínuo extrapola seus limites. Ele pode ocorrer de duas maneiras quando são utilizados pelo agente meios desnecessários e da falta de moderação. Em ambos os casos o sujeito ativo responde pelo excesso.

Existem dois tipos de excesso: *doloso* e *culposo*.

a) *excesso doloso* – afasta a excludente de ilicitude e o autor do crime responde por ela. Ex. João estava se defendendo das agressões de Paulo, até que conseguiu amarrá-lo e conter a injusta agressão que sofria. Logo após amarrar Paulo, João deu um tiro e o matou. Neste exemplo João responderá por homicídio;

7 – Antijuricidade – Ilicitude

b) *excesso culposo* – é aquele que ocorre sem a intenção do agente no que se refere a moderação ou aos meios utilizados (parte da doutrina), logo responde pelo crime na modalidade culposa.

> **DICA DIRETO E RETO**
> Insta ressaltar que ambos os excessos (culposos ou dolosos) se aplicam a todas as excludentes de ilicitudes previstas no art. 23, *caput* do CP.

Estado de necessidade – art. 24 do CP

Conforme é sabido o art. 24 do CP traz o conceito do estado de necessidade, que é uma excludente de ilicitude.

> Art. 24. Considera-se em estado de necessidade quem pratica *o fato para salvar de perigo atual*, que *não provocou por sua vontade*, nem podia de outro modo evitar, *direito próprio ou alheio*, cujo sacrifício, nas circunstâncias, não era razoável exigir-se. (grifos nossos)

Logo, analisando o art. 24 do CP, se verifica o estado de necessidade quando uma pessoa, para salvar a sua própria vida ou de terceiro, atinge outro bem jurídico.

Os requisitos para configurar a excludente de ilicitude Estado de Necessidade são:

a) ameaça a direito próprio ou alheio;
b) situação não causada voluntariamente pelo sujeito;
c) existência de um perigo atual;
d) inexistência de dever legal de enfrentar o perigo;
e) conhecimento da situação de fato justificante.

Tipos de Estado de necessidade:

a) *agressivo* e *defensivo* – diz respeito a pessoa que sofre a ofensa – *agressivo* – o bem de uma outra pessoa inocente (terceiro) é sacrificado; *defensivo* – o bem jurídico que alvo de sacrifício é do próprio indivíduo que produziu o risco;

b) *real* e *putativo* – nesta espécie de estado de necessidade leva-se em conta relação a voluntariedade do autor do crime – *real* quando o perigo existe de verdade; *putativo* – a situação de perigo não existe, está na imaginação do autor do crime por erro;

c) *próprio* e *terceiro* – Estado de necessidade em relação a titularidade – *próprio* – o autor do crime protege seu bem; *terceiro* – o autor do crime protege bem jurídico de outra pessoa.

Legítima defesa – art. 25 do CP

É uma excludente de ilicitude segundo art. 23, II do CP. A definição da legítima defesa está esculpida no art. 25 do CP:

> Art. 25. Entende-se em legítima defesa quem, usando moderadamente dos meios necessários, repele injusta agressão, atual ou iminente, a direito seu ou de outrem.

Os requisitos da legítima defesa são:

a) existência de uma agressão humana;
b) a agressão injusta (ilícita);
c) agressão atual ou iminente (aquela prestes a ocorrer);
d) agressão dirigida a direito próprio ou de terceiro;
e) utilizar meios necessários para afastar a injusta agressão (são aqueles menos lesivos);

7 – Antijuricidade – Ilicitude

f) moderação (somente o necessário para proteger objeto jurídico);
g) consciência da situação justificante (o autor do crime tem ciência que está agindo acobertado por esta excludente de ilicitude).

Por exemplo: de legítima defesa de terceiro – são as histórias do Superman que, sempre salva pessoas de homicídios, estupros e outros crimes...por isso ele não pode ser condenado por agredir os bandidos, pois age em legítima defesa de terceiro. Todos os super-heróis agem em legítima defesa de terceiro.

Outros casos que admitem Legitima Defesa:

a) *legítima defesa putativa* (aquela imaginada por erro – falsa percepção da realidade) – nesta situação o sujeito ativo imagina haver uma injusta agressão, quando na verdade, não existe. Ex. quando Paulo e João se encontram e, por um equívoco, acham que um será agredido pelo outro;
b) *legítima defesa de agressão culposa* – se a conduta praticada for ilícita, mesmo sendo culposa cabe a excludente da legítima defesa.

DICA DIRETO E RETO

A OAB já perguntou em sua prova qual excludente de ilicitude se encontrava a pessoa que matou um cachorro feroz do vizinho, que tentou morder seu filho.

Neste caso como ataque é de animal, a excludente será estado de necessidade, pois a legítima defesa exige que agressão seja de um humano.

Exercício regular de Direito

O exercício regular de direto é uma excludente de antijuricidade prevista no inciso III, do art. 23 do CP. Nesta hipótese o sujeito ativo atua dentro do permitido em lei. Ex.: lesões que ocorrem no esporte chamado Boxe, desde que respeitadas as regras desta modalidade esportiva.

> **DICA DIREITO E RETO**
>
> **Uso de ofendículos**
>
> São instrumentos utilizados pelos donos de residências ou empresas para proteger a propriedade.
>
> Consideram-se ofendículos cercas elétricas, cacos de vidro presos em cima de muros, lanças presas em portões ou muros.
>
> O uso dos ofendículos é legal, salvo se colocar em risco as pessoas que não são agressoras. A lei Municipal estabelece regras para o uso dos ofendículos nas residências e empresas de forma lícita.

Estrito cumprimento do dever legal

O estrito cumprimento do dever legal também é uma excludente de ilicitude segundo determina o art. 23, inciso III do CP. Este dever pode estar previsto em leis, decretos, regulamentos que sejam de caráter legal. Ex.: policial que provoca lesão corporal em um bandido que estava fugindo.

Descriminantes putativas – art. 20, § 1º, do CP

Conceito

As descriminantes são as causas de antijuricidade (estado de necessidade, legítima defesa, exercício regular do direito,

7 – Antijuricidade – Ilicitude

estrito cumprimento do dever legal). Já a palavra putativo significa imaginário. Discriminantes putativas é quando o agente achando que pelas circunstâncias, imagina estarem presentes os requisitos das excludentes de ilicitude, mas na verdade não está.

Logo, a descriminante putativa é a excludente de antijudiciária imaginária. São duas as possíveis consequências diante do equívoco:

a) se o erro é no tocante aos limites da excludente da antijuricidade – neste caso o autor tem perfeita noção do que está acontecendo, mas imagina que tal hipóteses está acobertada pela excludente, quando na verdade não está. Aplica-se nesta situação as regras do art. 21 do CP;

b) se o erro é no tocante aos pressupostos de fato da causa excludente de antijuricidade – neste caso temos a hipóteses da descriminante putativa por erro de tipo permissivo. Logo deve ser aplicado o disposto no art. 20, § 1º, do CP.

RESUMO DO CAPÍTULO

Antijuricidade – ilicitude

– Conceito: o legislador criou situações onde mesmo o agente praticando uma conduta típica esta será considerada lícita, são as chamadas excludentes de ilicitude (antijuricidade).

Tipos de excludentes de ilicitude – art. 23 do CP e causa supralegal

– De acordo com art. 23 do CP, temos como excludentes de ilicitude expressamente a previstas:

a) estado de necessidade;

b) legítima defesa;

c) estrito cumprimento de dever legal;

d) exercício regular do direito.

– Os artigos de lei que descrevem causas excludentes de antijuricidade são chamados de tipos penais permissivos. Alguns tipos permissivos previstos na parte especial do CP:

a) no aborto para salvar a vida da gestante ou em decorrência de estupro – art. 128, incisos I e II, do CP;

b) violação de domicilio – art. 150, § 3º, do CP;

c) nos crimes de injúria e difamação.

Excesso punível – art. 23, par. ún., do CP

– O excesso punível previsto no parágrafo único do art. 23 do CP, traz punição para o agente que estava inicialmente na sua conduta acobertado pela excludente de ilicitude, mas ato contínuo extrapola seus limites. Existem dois tipos de excesso: *doloso* e *culposo*.

a) excesso doloso

b) excesso culposo

DICA DIRETO E RETO

Insta ressaltar que ambos os excessos (culposos ou dolosos) se aplicam a todas as excludentes de ilicitudes previstas no art. 23, *caput,* do CP.

7 – Antijuricidade – Ilicitude

RESUMO DO CAPÍTULO

Estado de necessidade – art. 24 do CP

– Analisando o art. 24 do CP, se verifica o estado de necessidade quando uma pessoa, para salvar a sua própria vida ou de terceiro, atinge outro bem jurídico.

– Os requisitos para configurar a excludente de ilicitude Estado de Necessidade são:

a) ameaça a direito próprio ou alheio;

b) situação não causada voluntariamente pelo sujeito;

c) existência de um perigo atual;

d) inexistência de dever legal de enfrentar o perigo;

e) conhecimento da situação de fato justificante.

Tipos de estado de necessidade:

a) agressivo e defensivo;

b) real e putativo;

c) próprio e terceiro.

Legítima defesa – art. 25 do CP

– É uma excludente de ilicitude segundo art. 23, II, do CP. A definição da legítima defesa está esculpida no art. 25 do Códex Penal.

– Os requisitos da legítima defesa são:

a) existência de uma agressão humana;

b) a agressão injusta (ilícita);

c) agressão atual ou iminente (aquela prestes a ocorrer);

d) agressão dirigida a direito próprio ou de terceiro;

e) utilizar meios necessários para afastar a injusta agressão (são aqueles menos lesivos);

f) moderação (somente o necessário para proteger objeto jurídico);

g) consciência da situação justificante (o autor do crime tem ciência que está agindo acobertado por esta excludente de ilicitude).

Outros casos que admitem legítima defesa

a) legítima defesa putativa

b) legítima defesa de agressão culposa

Exercício regular de direito

– O exercício regular de direto é uma excludente de antijuricidade prevista no inciso III, do art. 23 do CP. Nesta hipótese o sujeito ativo atua dentro do permitido em lei.

Estrito cumprimento do dever legal

– O estrito cumprimento do dever legal também é uma excludente de ilicitude segundo determina o art. 23, inciso III do CP. Este dever pode estar previsto em leis, decretos, regulamentos que sejam de caráter legal. Ex.: policial que provoca lesão corporal em um bandido que estava fugindo.

Descriminantes putativas – art. 20, § 1º, do CP

– É quando o agente, achando que pelas circunstâncias, imagina estarem presentes os requisitos das excludentes de ilicitude, mas na verdade não estão. Logo, a descriminante putativa é a excludente de antijurídica imaginária. São duas as possíveis consequências diante do equívoco:

a) se o erro é no tocante aos limites da excludente da antijuricidade – art. 21 do CP;

b) se o erro é no tocante aos pressupostos de fato da causa excludente de antijuricidade – no art. 20, § 1º, do CP.

8 – Culpabilidade

Conceito

A culpabilidade pode ser conceituada como sendo a reprovação que recai sobre o indivíduo que pratica uma infração penal. Não há culpabilidade se a conduta não for típica e antijurídica. Segundo a teoria do crime tripartida a culpabilidade é elemento do crime. Já a teoria bipartida a culpabilidade é pressuposto da aplicação da pena. A culpabilidade, como princípio limitador do *ius puniende.*

A culpabilidade é pressuposto da aplicação da pena, logo possui três elementos essenciais conforme Teoria Normativa Pura da Culpabilidade: imputabilidade + potencial consciência da ilicitude + exigibilidade de conduta diversa.

Para alguém poder receber pena os 3 elementos devem estar presentes:

a) *imputabilidade* – Ao analisar o Código Penal, observa que ele não traz o conceito de imputabilidade, mas apenas a situações que uma pessoa é considerada inimputável. Imputabilidade é um conjunto de características pessoais que permitem que uma pessoa possa ser juridicamente responsabilizada pela prática de um crime;

b) *potencial consciência da ilicitude* – ninguém pode alegar o desconhecimento da lei penal de acordo com art. 21 do CP. Segundo este elemento da culpabilidade o agente do crime deve conhecer a ilicitude da sua conduta;

c) *exigibilidade de conduta diversa* – o agente só deve ser punido, se poderia evitar a conduta, ou seja, possibilidade de exigir do agente que ele haja de forma legal.

Imputabilidade x Inimputabilidade

A imputabilidade pode ser conceituada como sendo a pessoa que pode ser responsabilizada pela prática de uma infração penal. Cumpre observar que o Código Penal não a presenta o conceito de imputável, apenas demonstra as hipóteses que a pessoa será inimputável.

As hipóteses são: menoridade (menor de 18 anos – art. 27 do CP); doença mental ou desenvolvimento mental incompleto ou retardado; embriaguez completa, proveniente de caso fortuito ou força maior; dependência ou efeito de droga proveniente de caso fortuito ou força maior.

Existem alguns critérios para definir se a pessoa é ou não inimputável

a) *biopsicológico* – por este critério considera inimputável a pessoa que na época da ação ou omissão, e diante da sua condição mental, era totalmente incapaz de entender a o caráter ilícito da sua conduta ou de determina-se;
b) *biológico* – considera o desenvolvimento mental do réu, levando-se em consideração a idade ou a deficiência mental, por este critério;
c) *psicológico* – por este critério apenas verifica se o autor do crime tinha capacidade de entendimento ou de autodeterminação (ação de decidir por si mesmo).

O Código Penal adota o critério biopsicológico em relação ao art. 26, *caput* – doença mental ou desenvolvimento mental incompleto ou retardado.

8 – Culpabilidade

Quando o acusado se enquadra na hipótese do art. 26, *caput*, o magistrado deverá proferir uma sentença absolutória com fulcro no art. 386, VI do CPP, bem como aplicar medida de segurança.

Existem dois requisitos que devem ser analisados pelo perito para afirmar se existe a inimputabilidade ou não:

a) a perícia deverá demonstrar que o réu era portador de doença mental ou desenvolvimento mental incompleto ou retardado;
b) a perícia deverá concluir que o denunciado *ao tempo da ação ou omissão, era completamente incapaz de entender o caráter ilícito do fato ou de determina-se de acordo com tal entendimento.*

Quando a pessoa que praticou a infração penal for menor de 18 anos será considerado inimputável de acordo com o previsto no art. 27 do CP.

Causas que não excluem a Imputabilidade do Agente – art. 28 do CP

O art. 28 do CP elenca situações que não excluirão a imputabilidade do autor do crime, logo nestas hipóteses o agente poderá receber pena.

As hipóteses são: a emoção, que é uma perturbação de afetividade passageira, e paixão nada mais é que um sentimento duradouro. Ambos os motivos estão previstos no art. 28, inciso I do CP: "Art.28. [...] I – a emoção ou a paixão; [...]".

Já o inciso II do art. 28 aponta a embriaguez, voluntária ou culposa, pelo álcool ou substância de efeitos análogos (cocaína, merla etc.), como sendo situações que não exclui a imputabilidade.

A Lei de Droga – Lei nº 11.343/2006, art. 45 traz situações em que o réu é considerado inimputável, ou seja, isento de pena.

> Art. 45. É isento de pena o agente que, em razão da dependência, ou sob o efeito, proveniente de caso fortuito ou força maior, de droga, era, ao tempo da ação ou da omissão, qualquer que tenha sido a infração penal praticada, inteiramente incapaz de entender o caráter ilícito do fato ou de determinar-se de acordo com esse entendimento.

Este dispositivo traz duas situações que podem ocorrer a inimputabilidade: estar o autor do crime sob efeito de substância entorpecente, oriundos de caso fortuito ou força maior; ou ser dependente de substância entorpecente

Excludentes de Culpabilidade

Também chamadas de causas exculpantes ou dirimentes ou eximentes, a excludente de culpabilidade é uma das situações onde o sujeito cometeu um *Fato Típico* + *Antijurídico* (*Ilícito*), porém não poderá receber pena.

Causas Excludentes de Culpabilidade por falta do Elemento Imputabilidade

a) Doença mental, conforme art. 26 do CP.
b) Desenvolvimento mental incompleto por presunção legal, do menor de 18 anos (menoridade), art. 27 do CP e retardado, pelo art. 26.
c) Embriaguez completa e fortuita, art. 28, § 1º.

Embriaguez Preordenada é diferente de *embriaguez completa* – a preordenada a doutrina a explica como aquela em que o agente se embriaga propositalmente, com a finalidade de cometer um ilícito penal.

Causas Excludentes de Culpabilidade por falta do elemento a Potencial Consciência de Ilicitude

Neste caso o sujeito ativo tem uma *errada compreensão da lei*, pois acha que seu ato é licito.

a) Erro inevitável sobre a ilicitude do fato, pelo o que dispõe o art. 21 CP, também chamado de erro de proibição, ocorre quando o agente desconhece a ilegalidade acerca dos atos praticados. Ex.: o índio está acostumado a caçar animais de toda espécie na floresta onde mora, e vem para São Paulo e mata um cachorro para comer. Nesta situação ele não imagina que matar cachorro é crime.

b) Erro inevitável a respeito do fato que configura uma discriminante putativa, art. 20, § 1º, do CP;

Causas Excludentes de Culpabilidade por falta do elemento Exigibilidade de Conduta Diversa

A exigibilidade de conduta diversa é um elemento da culpabilidade, logo só se pode punir ação ou omissão que poderia ser evitada e não foi pelo agente. São situações que isentam o acusado de pena, logo deverá ser absolvido nos termos do art. 386, VI, do CPP:

a) coação moral irresistível – ocorre quando alguém sofre grave ameaça que não pode resistir (vencida);

b) obediência hierárquica – quando o acusado é subordinado e pratica uma infração penal obedecendo as ordens do seu chefe (superior hierárquico). Cabe ressaltar que nesta hipóteses se a ordem era licita somente o superior hierárquico deve responder pelo delito.

RESUMO DO CAPÍTULO

Conceito

– A culpabilidade pode ser conceituada como sendo a reprovação que recai sobre o indivíduo que pratica uma infração penal. Não há culpabilidade se a conduta não for típica e antijurídica.

– Para alguém poder receber pena os 3 elementos devem estar presentes:

a) imputabilidade;

b) potencial consciência da ilicitude;

c) exigibilidade de conduta diversa.

Imputabilidade x inimputabilidade

– A imputabilidade – pessoa que pode ser responsabilizada pela prática de uma infração penal.

– As hipóteses de inimputáveis: menoridade (menor de 18 anos – art. 27 do CP); doença mental ou desenvolvimento mental incompleto ou retardado; embriaguez completa, proveniente de caso fortuito ou força maior; dependência ou efeito de droga proveniente de caso fortuito ou força maior.

– Existem alguns critérios para definir se a pessoa é ou não inimputável:

a) biopsicológico;

b) biológico;

c) psicológico.

– art. 26, *caput* – critério biopsicológico.

– menor de 18 anos é inimputável de acordo com o previsto no art. 27 do CP.

8 – Culpabilidade

Causas que não excluem a imputabilidade do agente – art. 28 do CP

– art. 28, I – a emoção ou a paixão; já o inciso II do art. 28 aponta a embriaguez, voluntária ou culposa, pelo álcool ou substância de efeitos análogos (cocaína, merla etc.), como sendo situações que não exclui a imputabilidade.

– A Lei de Droga – Lei nº 11.343/2006, art. 45 traz situações em que o réu é considerado inimputável, ou seja, isento de pena. Este dispositivo traz duas situações que podem ocorrer a inimputabilidade: estar o autor do crime sob efeito de substância entorpecente, oriundos de caso fortuito ou força maior; ou ser dependente de substância entorpecente.

Excludentes de culpabilidade

– Também chamadas de causas exculpantes ou dirimentes ou eximentes, a excludente de culpabilidade é uma das situações onde o sujeito cometeu um *Fato Típico + Antijurídico (Ilícito)*, porém não poderá receber pena.

Causas excludentes de culpabilidade por falta do elemento imputabilidade

a) Doença mental, conforme art. 26 do CP.

b) Desenvolvimento mental incompleto por presunção legal, do menor de 18 anos (menoridade), art. 27 do CP e retardado, pelo art. 26.

c) Embriaguez completa e fortuita, art. 28, § 1º.

– *Embriaguez Preordenada* é diferente de *embriaguez completa* – a preordenada a doutrina a explica como aquela em que o agente se embriaga propositalmente, com a finalidade de cometer um ilícito penal.

Causas excludentes de culpabilidade por falta do elemento a potencial consciência de ilicitude

Neste caso o sujeito ativo tem uma errada compreensão da lei, pois acha que seu ato é licito.

a) Erro inevitável sobre a ilicitude do fato.

b) Erro inevitável a respeito do fato que configura uma discriminante putativa, art. 20, § 1º, do CP.

Causas excludentes de culpabilidade por falta do elemento exigibilidade de conduta diversa

– A exigibilidade de conduta diversa é um elemento da culpabilidade, logo só se pode punir ação ou omissão que poderia ser evitada e não foi pelo agente:

a) coação moral irresistível;

b) obediência hierárquica.

9 – Extinção da punibilidade

Conceito

Quando uma pessoa pratica uma infração penal nasce o direito de o Estado aplicar uma sanção ao criminoso, pois é o detentor do direito de punir aquele que viola as regras penais, este direito é denominado punibilidade. A punibilidade é considerada o efeito da infração penal, pois não integra o conceito analítico do crime.

Existem situações que extingue (faz desaparecer) o direito do Estado de punir, tendo em vista que este direito não é absoluto. Ocorrendo a extinção da punibilidade o Estado não pode mais aplicar a pena cominada ao crime praticado pelo agente. O Código Penal no seu art. 107 traz um rol exemplificativo de causas extintivas da punibilidade.

Cabe salientar que existem causas supralegais de extinção de punibilidade e causas de extinção previstas nos próprios tipos penais. As causas expressas, exemplificativas, do rol do art. 107 do CP, são:

a) morte do agente;
b) anistia, graça ou indulto;
c) pela retroatividade de lei que não mais considera o fato como criminoso;
d) pela prescrição, decadência ou perempção;

e) renúncia do direito de queixa ou pelo perdão aceito, nos crimes de ação privada;
f) pela retratação do agente, nos casos em que a lei a admite;
g) pelo perdão judicial, nos casos previstos em lei.

Morte do Agente

A primeira causa prevista no art. 107 do CP é a morte do agente. A principal razão que o legislador considerou a morte uma hipótese extintiva de punibilidade foi diante do princípio *mors omnia solvit* (significa que a morte tudo apaga). Outro princípio da personalidade da pena justifica tal causa de extinção é o, previsto no art. 5º, XLV, da CF que determina que nenhuma pena passará da pessoa do réu. O evento morte deve ocorrer antes da prescrição do crime ou da absolvição do réu.

O art. 62 do Código de Processo Penal determina que o juiz só poderá declarar extinta a punibilidade depois de juntada a certidão de óbito e ouvido o Ministério Público.

> Art. 62. No caso de morte do acusado, o juiz somente à vista da certidão de óbito, e depois de ouvido o Ministério Público, declarará extinta a punibilidade.

Todos os efeitos da sentença condenatória se extinguem, porém, os extrapenais continuam surtindo efeito. Se a extinção ocorrer antes da sentença de transitar em julgado retira todo e qualquer efeito da decisão proferida ou impede que a mesma seja prolatada. Agora, se já transitou em julgado, apenas retira a cumprimento o saldo da pena ou o início dela.

Cuidado com o instituto do *abolitio criminis*, pois quando ele ocorre após o trânsito em julgado afasta todos os efeitos da

9 – Extinção da punibilidade

sentença condenatória, salvo os extrapenais. O mesmo ocorre com a causa extintiva da punibilidade chamada anistia.

Como é causa personalíssima, não se aplica aos concorrentes do crime, somente o agente que falece é que tem sua punibilidade extinta, os demais deverão continuar cumprindo a pena ou a responder à ação penal.

O crime chamado erro essencial previsto no art. 236 do Código de Penal, é de ação penal privada personalíssima, logo se a vítima morre estará extinta a punibilidade do acusado na ação penal.

Anistia, Graça ou Indulto

A anistia, graça e indulto estão previstas no inciso II do art. 107 do CP causas extintivas punibilidade, são espécies de clemência que o Estado concede por razões políticas ou governamentais. Nestes casos, o Estado está renunciando ao seu *ius puniende*.

Estas três causas de extinção de punibilidade podem ser aplicadas a qualquer delito, exceto aos hediondos e equiparados (Tráfico, Tortura, Terrorismo – art. 5º, XLIII, CF).

> *XLIII* – a lei considerará crimes inafiançáveis e insuscetíveis de graça ou anistia a prática da tortura, o tráfico ilícito de entorpecentes e drogas afins, o terrorismo e os definidos como crimes hediondos, por eles respondendo os mandantes, os executores e os que, podendo vita-los, se omitirem;

Anistia

A anistia esquece um fato criminoso, bem como apaga os efeitos penais (principais e secundárias), ou seja, perdoa os fatos criminosos cometido por motivos especiais. Surge por intermédio de lei. A anistia tem por fim o perdão de fatos cometidos, em razão de motivos especiais.

Quem tem direito ao benefício da anistia são todos os indivíduos que praticaram crime cujo fato foi anistiado.

Competência para conceder a Anistia: Congresso Nacional com a sanção do Presidente da República, de acordo com art. 48, VIII da CF:

> Art. 48. Cabe ao Congresso Nacional, com a sanção do Presidente da República, não exigida esta para o especificado nos arts. 49, 51 e 52, dispor sobre todas as matérias de competência da União, especialmente sobre:
>
> I – sistema tributário, arrecadação e distribuição de rendas;
>
> II – plano plurianual, diretrizes orçamentárias, orçamento anual, operações de crédito, dívida pública e emissões de curso forçado;
>
> III – fixação e modificação do efetivo das Forças Armadas;
>
> IV – planos e programas nacionais, regionais e setoriais de desenvolvimento;
>
> V – limites do território nacional, espaço aéreo e marítimo e bens do domínio da União;
>
> VI – incorporação, subdivisão ou desmembramento de áreas de Territórios ou Estados, ouvidas as respectivas Assembléias Legislativas;
>
> VII – transferência temporária da sede do Governo Federal;

9 – Extinção da punibilidade

> *VIII – concessão de anistia;*
> [...] (grifos nossos)

Tipos de Anistia

A anistia pode ser comum ou especial, própria ou imprópria; incondicionada ou condicionada, restrita ou irrestrita:

1) *comum* – concedida para crimes comuns, já a *especial* para crimes políticos;
2) *irrestrita* – atinge todos os delinquentes, a *restrita* – atinge criminosos determinado e impõe determinada condições pessoais – ex. primariedade;
3) *incondicionada* – concedida sem requisito – *condicionada* – lei impõe condição par que a anistia seja concedida ao criminoso.

A doutrina entende que a anistia concedida antes do trânsito em julgado da sentença, é chamada *anistia própria;* se lhe é posterior, é chamada *imprópria*.

Indulto e Graça (Indulto Individual)

Os institutos do indulto e graça pela maioria da doutrina são analisados em conjunto. Também são atos de clemência do Estado.

Competência para conceder a Graça e o Indulto: competência exclusiva do Presidente da República (art. 84, XII, CRFB/1988)

Momento para Concessão: após a fixação da pena em concreto. Atingem apenas os principais efeitos da condenação, permanecendo os demais efeitos, sejam eles penais ou civis.

Concedida a graça, extinguem-se somente as sanções mencionadas nos respectivos decretos, permanecendo os demais efeitos da sentença condenatória, sejam penais ou civis. A graça é um benefício individual e com pessoa determinada.

A graça (também chamada pela lei de Execução Penal de indulto individual – arts. 188 a 192) e o indulto coletivo podem ser plenos ou parciais, bem como incondicionados ou condicionados

O indulto ou, indulto coletivo, por sua vez, também objetiva perdoar uma coletividade, assim como a anistia, mas exige condições subjetivas e objetivas do apenado.

Assim, o indulto coletivo pode exigir preenchimento de certos requisitos para sua concessão, como primariedade, bons antecedentes, cumprimento de certa parcela da pena, etc.).

O indulto coletivo pode ser parcial ou total, assim como a graça, alcançando a pena *in totum* ou em parte. A recusa só é admitida se for condicionado.

Frisa-se que o juiz das execuções penais deve analisar o ato do Presidente para que o indulto surta todos os seus efeitos.

Alguns exemplos de indultos coletivos parciais, pois duram apenas alguns dias: indulto de natal, indulto de dia das mães, indulto do dia dos pais.

Abolitio Criminis

A *abolitio criminis* é uma causa extintiva da punibilidade previsto no art. 107, inciso III do CP.

O *abolitio criminis* – nada mais é que a abolição do crime – é quando surge uma lei nova deixando de considerar uma determinada conduta como crime. Ex.: ocorreu em 2005 com a Lei nº 11.106 que deixou de considerar o adultério crime – que era previsto no art. 240 do CP.

9 – Extinção da punibilidade

Ocorrida a *abolitio criminis*, é como se o sujeito ativo não tivesse cometido a infração penal, pois segundo a constituição Federal essa nova lei deve retroagir para beneficiar o réu. Não remanesce qualquer efeito criminal para o agente, persistindo, entretanto, a obrigação civil.

Perdão judicial

O perdão judicial é uma causa que extingue punibilidade do agente conforme determina o art. 107, IX do CP. O juiz pode deixar de aplicar a pena, pois em determinados casos o próprio ofensor sofre tanto com o resultado do delito que cumprir pena, não faz qualquer diferença.

Suas hipóteses de cabimento são legais e as principais são: retorsão imediata na injúria (art. 140, § 1º, I e II, do CP), receptação culposa dadas as circunstâncias (art. 180, § 5º, do CP), não dispor de recursos para hospedaria ou refeição (art. 176, par. ún., do CP), restituição do menor no crime de subtração de incapaz caso ele não tenha sofrido maus-tratos ou privação (art. 249, § 2º, do CP), homicídio culposo onde as consequências do crime atinjam o agente de modo grave ao passo que a sanção penal não produza qualquer efeito (art. 121, § 5º, do CP).

Renúncia ao direito de queixa ou perdão aceito

A renúncia ao direito de queixa (petição inicial) e o perdão aceito pelo acusado, são causas extintiva de punibilidade previstas no art. 107, V do CP. São atinentes à ação penal privada. Os dois institutos são diferentes somente quanto ao momento de sua ocorrência, pois a renúncia ocorre antes de proposta a ação, já o perdão deve ser concedido durante a ação penal.

A renúncia é um ato unilateral, ou seja, só depende da vontade do ofendido (querelante), não depende da vontade do réu. A renúncia é a abstenção do direito de queixa do autor em face do réu. Pode ser expressa ou tácita, sendo que a primeira deve vir por declaração assinada conforme determina o art. 50 do Código de Processo Penal, enquanto que a segunda se demonstra a partir de atos de incompatibilidade (art. 104, par. ún., do CP). A renúncia aproveita a todos os ofensores, de acordo com o princípio da indivisibilidade da ação penal privada – art. 49 do CPP.

O perdão é um ato bilateral, ou seja, depende da vontade do ofendido em querer perdoar + a vontade do réu em querer aceitar. Portanto, para ocorrer o *Perdão* = a vontade da vítima em querer perdoar + a vontade do réu em querer aceitar. Portanto, sem o aceite do réu o perdão não ocorre. Este aceite deve ser expresso de acordo com art. 58 do CPP. Aceito o perdão pelo acusado na ação penal privada o juiz deverá declarar extinta a punibilidade.

Se houver mais de um réu, o perdão concedido a um dos acusados a todos aproveitará, porém o aceite deverá ser realizado de forma individual. O acusado que não aceitar o perdão a ação penal continuará.

Só pode ser oferecido pela vítima quando a ação penal privada já foi iniciada. Pode ser expresso ou tácito, da mesma forma que na renúncia.

Decadência, Perempção e Prescrição

Decadência

A decadência, prescrição e perempção são causas extintivas da punibilidade ambas previstas no art. 107, inciso IV, do CP.

9 – Extinção da punibilidade

Quando a vítima (querelante) perde o prazo para oferecer a queixa- crime ou de apresentar a sua representação nos crime que exigem tal condição de procedibilidade, ocorre a chamada decadência, ou seja a perda do direto de agir pelo decurso do prazo.

O prazo decadência para oferecimento de queixa ou de representação é de seis meses a contar do conhecimento da autoria do crime.de acordo com o art. 38 do CPP. Como a ação sequer terá sido intentada, nenhum efeito sobrevém ao agente.

Perempção

A perempção, é a "morte" da ação penal privada por negligência do querelante, pressupõe uma demanda já intentada e visa a punição do autor da ação penal privada que é desidioso no seu impulso processual.

As hipóteses de perempção que acarretam a extinção da punibilidade do agente estão previstas no art. 60 do CPP. O artigo seguinte afirma que em qualquer fase do processo o juiz deve declarar de ofício a perempção.

Prescrição

O Estado possui um prazo para punir o agente que cometeu um crime, bem como um para executar a punição aplicada na sentença condenatória transitada em julgado. Quando este prazo previsto no art. 109 do CP transcorre sem que a pretensão punitiva seja aplicada ao réu ocorre a chamada prescrição. Existe a prescrição da pretensão punitiva e a da pretensão executória.

A prescrição punitiva pode ser:

a) propriamente dita;
b) retroativa;

c) intercorrente;
d) superveniente.

À luz do art. 109 do CP, a prescrição, antes de transitar em julgado a sentença final, regula-se pelo máximo da pena privativa de liberdade cominada ao crime, senão vejamos a seguir.

Prescreve em:

a) 20 (vinte)anos, se o máximo da pena é superior a 12 (doze);
b) 16 (dezesseis) anos, se o máximo da pena é superior a 8 (oito) anos e não excede a 12 (doze);
c) 12 (doze) anos, se o máximo da pena é superior a 4 (quatro) anos e não excede a 8 (oito);
d) 8 (oito) anos, se o máximo da pena é superior a 2 (dois) anos e não excede a 4 (quatro);
e) 4 (quatro) anos, se o máximo da pena é igual a 1 (um) ano ou, sendo superior, não excede a 2 (dois);
f) 3 (três) anos, se o máximo da pena é inferior a 1 (um) ano.

A seguir, descreve-se como achar o prazo prescricional antes de transitar em julgado a sentença condenatória seguindo as orientações dos arts. 109 e 115 do CP.

Precisa primeiro saber qual é a pena máxima em abstrato do crime praticado pelo réu de depois seguir os seguintes passos:

1º) *Pegar a pena máxima do crime que o réu* – Ex.: crime de roubo art. 157 CP = *Pena Máxima 10 (dez) anos. Observação*: se o crime for qualificado pegue a pena máxima do crime qualificado – Ex.: furto qualificado – art. 155, § 4º, do CP = *Pena Máxima 8 (oito) anos.*

2º) *Se o crime não for qualificado* verificar se tem causa de aumento ou de diminuição:

9 – Extinção da punibilidade

a) se houver causa de aumento some a *maior causa de aumento* com *a pena máxima do crime*. Ex.: art. 157, § 2º, II, do CP – a maior causa de aumento do § 2º – ½ (metade), logo: – *Pena máxima do roubo = 10 (dez) anos.*
- *Maior causa de aumento do § 2º = ½ (metade da pena máxima) = 5 (cinco) anos.*
- Portanto para saber a *pena final* para calcular a prescrição:
- Some pena máxima do crime + maior causa de aumento =10 anos + ½ (*metade* de dez anos) = 10 (dez) anos + 5 (cinco) anos = *15 (quinze) anos pena final;*

b) se houver causa de diminuição, diminua a *menor causa de diminuição* da *pena máxima do crime*. Ex.: art. 123 c/c 14, II do CP – menor causa de aumento 1/3 (um terço), logo:
- Pena máxima do infanticídio = 6 anos
- Menor causa de diminuição do art. 14, II do CP = 1/3 (um terço da pena máxima) = 2 anos.
- Portanto para saber *a pena final* para calcular a prescrição;
- Diminua *pena máxima do crime -menor causa de diminuição* = 6 anos – 1/3 (um terço de 6 anos) = 6 anos – 2 anos = 4 anos é a pena final.

3º) *Para Calcular a Prescrição* – pegue a pena final e jogue no art. 109 do CP. Por exemplo:

pena final de 15 (quinze) anos – prescreve em 20 (vinte) anos segundo o art. 109, I do CP;

pena final de 8 (oito) anos – prescreve em 12 (doze) anos segundo o art. 109, III do CP.

4º) *Sempre verifique*, após achar o prazo prescricional, se o réu na época do crime *tinha menos de 21 anos de idade* ou na época da sentença *mais de 70 anos* – art. 115 do CP.

- Caso o réu se enquadre em uma das duas hipóteses o prazo prescricional deverá ser reduzido de metade. Ex.: o réu na época do crime tinha 19 anos.
- Se o prazo prescricional for de 12 anos deverá dividir por dois para chegar ao prazo prescricional final:
- *Prazo Prescricional* ÷ 2 = *Prazo Prescricional Final* = 6 anos.
- Após, descobrir o prazo prescricional, precisa descobrir qual tipo de prescrição da pretensão punitiva ocorreu no enunciado da OAB.

Para começar a calcular o Prazo Prescricional depois de Transitar em Julgado a Sentença Condenatória

À luz do art. 110 do CP – a prescrição depois que transitar em julgado a sentença condenatória regula-se pela pena aplicada, utilizando os prazos previstos no art. 109 do CP. Ex.: o réu foi condenado a 5 anos de pena e a acusação não quis recorrer (logo transitou em julgado para acusação). É essa pena de 5 anos que vou usar para calcular a prescrição.

1º) pegue a pena aplicada e joga no art. 109 do CP, para achar o prazo prescricional. Ex.: pena aplicada de 5 (cinco) anos – prescreve em 12 (doze) anos conforme art. 109, III, do CP.

2º) sempre verifique, após achar o prazo prescricional, se o réu na época do crime tinha menos de 21 (vinte e um) anos de idade ou na época da sentença mais de 70 (setenta) anos – art. 115 do CP.

- Caso o réu se enquadre em uma das duas hipóteses o prazo prescricional deverá ser reduzido de metade. Ex.: o réu na época do crime tinha 19 (dezenove) anos.

9 – Extinção da punibilidade

- O prazo prescricional é de 12 (doze) anos, logo: *Prazo Prescricional* ÷ 2 (dois) = *Prazo Prescricional Final*. – 12 (doze) anos ÷ 2 (dois) = 6 (seis) anos de *Prazo Prescricional Final*.

Prescrição da pena de multa – art. 114 do CP

a) Se *o réu for condenado apenas a pena de multa* – o prazo prescricional será de 2 (dois) anos. Ex.: 45 (quarenta e cinco) dias de multa – O prazo prescricional será de 2 (dois) anos.
b) Se *o réu for condenado a pena privativa de liberdade (prisão) e multa* – Ex.: 4 (quatro) *anos de reclusão* e 20 (vinte) dias de multa – você joga apenas a pena de reclusão no art. 109 do CP, ou seja, despreza o prazo da pena de multa. 4 (quatro) anos de pena – no art. 109, IV, do CP prescreve em 8 (oito) anos.

Contagem do Prazo Prescricional antes do trânsito em julgado da sentença condenatória

As datas iniciais para calcular a prescrição antes de transitar em julgado a sentença condenatória estão previstas no art. 111 do CP.

Contagem do prazo prescricional após o trânsito em julgado da sentença condenatória

O *art. 112 do CP* traz as datas iniciais para calcular a prescrição depois de transitar em julgado a sentença condenatória.

Marcos interruptivos da prescrição

Os marcos interruptivos da prescrição estão elencados no art. 117 do CP. Ocorrendo a *Prescrição extingue* a *punibilidade* do réu segundo determina o art. 107, IV, do CP.

Súmulas importantes relativas à prescrição – Súmulas nº 146 do STF, 497 do STF e 604 do STF.

1) Súmula nº 146 do STF "A prescrição da ação penal regula-se pela pena concretizada na sentença, quando não há recurso da acusação."
2) Súmula nº 497 do STF – " Quando se tratar de crime continuado, a prescrição regula-se pela pena imposta na sentença, não se computando o acréscimo decorrente da continuação."
3) Súmula nº 604 do STF – "A prescrição pela pena em concreto é somente da pretensão executória da pena privativa de liberdade."

RESUMO DO CAPÍTULO

Extinção da punibilidade

– Existem situações que extinguem (faz desaparecer) o direito do Estado de punir, tendo em vista que este direito não é absoluto. Ocorrendo a extinção da punibilidade o Estado, esse não pode mais aplicar a pena cominada ao crime praticado pelo agente. O Código Penal no seu art. 107 traz um rol, exemplificativo de causas extintivas da punibilidade:

a) morte do agente;

b) anistia, graça ou indulto;

c) pela retroatividade de lei que não mais considera o fato como criminoso;

d) pela prescrição, decadência ou perempção;

e) renúncia do direito de queixa ou pelo perdão aceito, nos crimes de ação privada;

f) pela retratação do agente, nos casos em que a lei a admite;

g) pelo perdão judicial, nos casos previstos em lei.

a) morte do agente

– O evento morte deve ocorrer antes da prescrição do crime ou da absolvição do réu.

– O art. 62 do Código de Processo Penal determina que o juiz só poderá declarar extinta a punibilidade depois de juntada a certidão de óbito e ouvido o Ministério Público.

b) anistia, graça ou indulto

Anistia

– A anistia esquece um fato criminoso, bem como apaga os efeitos penais (principais e secundárias), ou seja, perdoa os fatos criminosos cometido por motivos especiais. Surge por intermédio de lei.

Competência para conceder a Anistia

– Congresso Nacional com a sanção do Presidente da República, de acordo com art.48, VIII da CF:

Tipos de Anistia

A anistia pode ser comum ou especial, própria ou imprópria; incondicionada ou condicionada, restrita ou irrestrita:

1) comum – concedida para crimes comuns, já a *especial* para crimes políticos;

2) irrestrita – atinge todos os delinquentes, a *restrita* – atinge criminosos determinado e impõe determinada condições pessoais – ex. primariedade;

3) incondicionada – concedida sem requisito – *condicionada* – lei impõe condição par que a anistia seja concedida ao criminoso.

– A doutrina entende que a anistia concedida antes do trânsito em julgado da sentença, é chamada *anistia própria;* se lhe é posterior, é *chamada imprópria*

Indulto e graça (indulto individual)

– Os institutos do indulto e graça pela maioria da doutrina são analisados em conjunto. Também são atos de clemência do Estado.

Competência para conceder a graça e o indulto

– Competência exclusiva do Presidente da República (art. 84, XII, CF).

Momento para concessão

– Após a fixação da pena em concreto. Atingem apenas os principais efeitos da condenação, permanecendo os demais efeitos, sejam eles penais ou civis.

Abolitio criminis

– É a abolição do crime – é quando surge uma lei nova deixando de considerar uma determinada conduta como crime.

– Ocorrida a *abolitio criminis*, é como se o sujeito ativo não tivesse cometido a infração penal, pois segundo a constituição Federal essa nova lei deve retroagir para beneficiar o réu. Não remanesce qualquer efeito criminal para o agente, persistindo, entretanto, a obrigação civil.

Perdão judicial

– O juiz pode deixar de aplicar a pena, pois em determinados casos o próprio ofensor sofre tanto com o resultado do delito que cumprir pena, não faz qualquer diferença.

9 – Extinção da punibilidade

Renúncia ao direito de queixa ou perdão aceito

– A renúncia ocorre antes de proposta a ação, já o perdão deve ser concedido durante a ação penal.

– A renúncia é um ato unilateral

– A renúncia é a abstenção do direito de queixa do autor em face do réu.

– O perdão é um ato bilateral.

– Para ocorrer o *Perdão* = a vontade da vítima em querer perdoar + a vontade do réu em querer aceitar. Se houver mais de um réu, o perdão concedido a um dos acusados a todos aproveitará, porém o aceite deverá ser realizado de forma individual.

Decadência, perempção e prescrição

Decadência

– A decadência, prescrição e perempção são causas extintivas da punibilidade ambas previstas no art. 107, inciso IV do CP.

Perempção

– A perempção é a "morte" da ação penal privada por negligência do querelante.

Prescrição

– O Estado possui um prazo para punir o agente que cometeu um crime, bem como um para executar a punição aplicada na sentença condenatória transitada em julgado. Quando este prazo previsto no art. 109 do CP transcorre sem que a pretensão punitiva seja aplicada ao réu ocorre a chamada prescrição. Existe a prescrição da pretensão punitiva e a da pretensão executória.

10 – Iter criminis

Conceito

É o caminho que o crime segue (itinerário). É necessário analisar a o *iter criminis*, para saber a partir de que momento o acusado pode ser punido e de qual maneira.

Para que o delito ocorra, o sujeito ativo segue um caminho, logo o crime possui algumas fases: cogitação, preparação, início da execução, consumação e exaurimento. Mas, nem todas as fases do crime são passíveis de punição. O caminho do crime será:

a) *cogitação* – o sujeito ativo nesta fase do crime, apenas está pensando em cometer o crime (fase não punível – não se puni pensamento no Brasil;

b) *preparação* – nesta etapa do delito compreende, todos os atos necessários para início da execução, por isso é chamada fase da preparação. Comprar veneno, alugar casa para sequestro – o agente também não pode ser punido por praticar atos preparatórios. Apesar da fase da preparação, via de regra, não ser punida, existem exceções onde os atos preparatórios serão punidos. Uma delas está contida no art. 5º da Lei nº 13.260/2016 (Lei Antiterrorismo) que considera crime, os atos preparatórios para a pratica do crime de Terrorismo. Outra exceção é o crime de associação criminosa – art. 288 do CP;

c) *execução* – começa com o primeiro ato idôneo e inequívoco que pode levar a consumação;

d) *consumação* – na fase da consumação o sujeito ativo atinge seu objetivo, ou seja ele consegue conclui o crime;

e) *exaurimento* – Cumpre destacar, que alguns crimes possuem esta fase que é posterior à Consumação;
f) *consumação*.

Na fase do *Exaurimento* o crime que já chegou na consumação, atinge consequências mais gravosas. São inúmeras situações que a lei penal prevê de *exaurimento*. Ex.: no caso do crime previsto no art. 159 do CP – extorsão mediante sequestro, o delito se consuma quando a vítima é privada de sua liberdade, e o exaurimento se opera com o pagamento do resgate exigido pelo agente.

Situações em que o crime não se consuma

Considera um crime consumado quando ocorre a realização total do tipo penal conforme determina (art. 14, I, CP).

Cumpre destacar, que nem sempre o delito se consuma, após o sujeito ativo ter iniciado a execução. Existem vários motivos que podem levar o crime a não se consumar, dentre eles temos: a tentativa, a desistência voluntaria, arrependimento eficaz e crime impossível. São institutos que trazem consequências diferentes e na prova da OAB estes temas caem com bastante frequência.

A *tentativa* prevista no art. 14, II do CP determina que o crime não se consuma por circunstâncias alheias à vontade do agente. A tentativa traz como consequência a diminuição da pena de um a dois terços.

A tentativa possui alguns elementos, tais como: ação humana, interrupção da execução (por circunstâncias alheias à vontade do agente) e dolo (de consumar o crime).

Espécies de tentativa: *tentativa perfeita ou acabada (crime falho)* e *tentativa imperfeita* ou *inacabada*.

a) *Tentativa perfeita* (também conhecido pela doutrina de "crime falho") – é aquela que se verifica quando o agente fez tudo o quanto lhe era possível para alcançar o resultado.
b) *Tentativa imperfeita* ou *tentativa inacabada*: é aquela que ocorre quando a ação não chega a se exaurir, ou seja, quando o sujeito ativo não esgotou em atos de execução sua intenção delituosa.

Pena da Tentativa: pena aplicada na tentativa é a do crime consumado diminuída de 1 (um) a 2/3 (dois terços) conforme determina o par. ún. do art. 14 do CP.

Crimes que não admitem a tentativa

Não se pode olvidar, que nem todos os tipos de crimes admitem a tentativa. São eles:

a) contravenção penal;
b) culposo;
c) habituais;
d) omissivos próprios;
e) unissubsistentes;
f) preterdoloso (caracteriza-se quando o sujeito ativo pratica uma conduta dolosa, menos grave, porém obtém um resultado danoso mais grave do que o pretendido, na forma culposa). Ex.: um sujeito pretendia praticar um roubo, porém, por erro ao manusear a arma, acaba atirando e matando a vítima;
g) permanentes (na forma omissiva).

Desistência Voluntária

Está prevista na primeira parte do art. 15 do CP. Na *desistência voluntária* o sujeito ativo inicia a execução da infração penal e para por vontade própria, ou seja, após o agente começar a execução do crime, muda de ideia no meio do caminho, e desiste de forma voluntária não deixando que a consumação ocorra.

Arrependimento Eficaz

O arrependimento eficaz está esculpido na parte final do art. 15 do diploma Penal, neste caso o sujeito ativo concretiza todos os atos de execução da infração penal, mas impede a consumação. Ex.: o agente ministra um veneno para vítima e, logo após lhe dá um antídoto. O autor só responde pelo que fez, tanto na desistência voluntária quanto no arrependimento eficaz.

No exemplo acima, se em decorrência do veneno ministrado a vítima sofreu lesão corporal leve, o sujeito ativo vai responder pelo crime do art. 129, *caput* do CP.

O arrependimento eficaz é diferente do instituto do arrependimento posterior – neste último, o crime se consuma, mas se na infração penal não houver violência ou grave ameaça e o sujeito ativo repara o dano ou restitui a coisa ao ofendido (vítima), até o recebimento da denúncia ou da queixa crime, a pena será reduzida – logo, o arrependimento é uma causa de diminuição de pena.

Arrependimento Posterior – art. 16 do CP – Causa de Diminuição de Pena

O art. 16 do CP apresenta uma causa de diminuição de pena quando o crime não tiver violência ou grave ameaça e a o agente restituir a coisa ou reparar o dano antes do recebimento da denúncia ou queixa-crime.

Um ponto interessante a observar são casos que o sujeito ativo repara o dano e extingue-se a punibilidade, ao invés aplicar ao caso concreto uma causa de diminuição de pena, são exemplos desses tipos de crimes:

a) *peculato culposo* – art. 312, § 3º, do CP – se reparar o dano antes do trânsito em julgado extingue a punibilidade;
b) *sonegação fiscal* – de acordo com Art. 34 da lei nº 9249/1995. Extingue-se a punibilidade dos crimes definidos na Lei nº 8.137, de 27 de dezembro de 1990, e na Lei nº 4.729, de 14 de julho de 1965, quando o agente promover o pagamento do tributo ou contribuição social, inclusive acessórios, antes do recebimento da denúncia;
c) *apropriação indébita de previdência* – se a reparação do dano é durante o processo, extingue a punibilidade do agente, conforme o art. 9º da Lei nº 10.684/2003.

Crime Impossível – art. 17 do CP

O crime impossível também é chamado de tentativa inidônea ou crime de ensaio. Neste caso, o sujeito ativo inicia a execução do crime, mas não consegue consumar, por improbidade do objeto (não há bem jurídico para proteger – ou seja –o objeto não existe mais) ou por ineficácia do meio (atirar em alguém com arma sem munição).

No caso de crime impossível, o autor do delito estará isento de pena e será absolvido nos termos do art. 386, VI, do CPP.

Outra hipótese de crime impossível é o flagrante preparado ou provocado previsto na Súmula nº 145 do STF: "Não há crime, quando a preparação do flagrante pela polícia torna impossível a sua consumação".

Neste caso, se o provocador não tivesse realizado a provocação, o crime não ocorreria, ou seja, seria impossível.

RESUMO DO CAPÍTULO

Iter Criminis

Conceito

– É o caminho que o crime segue (itinerário). É necessário analisar a o *iter criminis*, para saber a partir de que momento o acusado pode ser punido e de qual maneira.

– O caminho do crime será:

a) *cogitação* – fase do pensamento – não é punível;

b) *preparação* – nesta etapa do delito compreende, todos os atos necessários para início da execução. Via de regra, não é punida, salvo nas hipóteses do art. 5º da Lei nº 13.260/2016 (lei Antiterrorismo), associação criminosa – art. 288 do CP;

c) *execução* – começa com o primeiro ato idôneo e inequívoco que pode levar a consumação;

d) *consumação* – na fase da consumação o sujeito ativo atinge seu objetivo;

e) *exaurimento* – Cumpre destacar, que alguns crimes possuem esta fase que é posterior à Consumação;

f) *consumação*.

– Na fase do *Exaurimento* o crime que já chegou na consumação, atinge consequências mais gravosas.

Situações em que o Crime não se Consuma

– Existem vários motivos que podem levar o crime a não se consumar, dentre eles temos: a tentativa, a desistência voluntaria, arrependimento eficaz e crime impossível.

– A *tentativa* do crime não se consuma por circunstâncias alheias à vontade do agente. – art. 14, II do CP.

– Elementos da tentativa: ação humana, interrupção da execução (por circunstâncias alheias à vontade do agente) e dolo (de consumar o crime).

– Espécies de tentativa: tentativa perfeita ou acabada (crime falho) e tentativa imperfeita ou inacabada.

Pena da Tentativa

– A pena aplicada na tentativa é a do crime consumado diminuída de 1 a 2/3 conforme determina o parágrafo único do art. 14 do CP.

Crimes que não Admitem a Tentativa

– Não se pode olvidar, que nem todos os tipos de crimes admitem a tentativa. São eles:

a) contravenção penal;

b) culposo;

c) habituais;

d) omissivos próprios;

e) unissubsistentes;

f) preterdoloso (caracteriza-se quando o sujeito ativo pratica uma conduta dolosa, menos grave, porém obtém um resultado danoso mais grave do que o pretendido, na forma culposa). Ex.: um sujeito pretendia praticar um roubo, porém, por erro ao manusear a arma, acaba atirando e matando a vítima;

g) permanentes (na forma omissiva).

Desistência Voluntária

– Está prevista na primeira parte do art. 15 do CP. – Na desistência voluntária o sujeito ativo inicia a execução da infração penal e para por vontade própria, ou seja, após o agente começar a execução do crime, muda de ideia no meio do caminho, e desiste de forma voluntária não deixando que a consumação ocorra.

Arrependimento Eficaz

– Neste caso o sujeito ativo concretiza todos os atos de execução da infração penal, mas impede a consumação. O autor só responde pelo que fez.

Arrependimento Posterior – art. 16 do CP – Causa de Diminuição de Pena

– Apresenta uma causa de diminuição de pena quando o crime não tiver violência ou grave ameaça e a o agente restituir a coisa ou reparar o dano antes do recebimento da denúncia ou queixa-crime.

– Repara-se o dano e extingue-se a punibilidade, ao invés aplicar ao caso concreto uma causa de diminuição de pena.

Crime Impossível – art. 17 do CP

– Também é chamado de tentativa inidônea ou crime de ensaio. Neste caso, o sujeito ativo inicia a execução do crime, mas não consegue consumar, por improbidade do objeto ou por ineficácia do meio (atirar em alguém com arma sem munição).

– Outra hipótese de crime impossível é o flagrante preparado ou provocado previsto na Súmula nº 145 do STF.

11 – Concurso de Pessoas

Conceito

Segundo o Código Penal considera-se concurso de pessoas quando dois ou mais indivíduos praticam uma infração penal. Também é chamado de concurso de agentes ou de codelinquência.

Cumpre destacar que, a maioria dos crimes podem ser praticados por uma ou por mais pessoas, porém existem crimes que só podem ser praticados por duas ou mais pessoas.

Em razão deste motivo a doutrina divide em *crimes unissubjetivos* (aqueles que podem ser praticados por um só indivíduo) e *plurissubjetivos* (só podem ser praticados por duas ou mais indivíduos).

Conceito de autoria do crime: existem algumas teorias para definir autoria criminal, dentre elas temos:

a) unitária;
b) restritiva;
c) do domínio do fato.

No que tange a definição de autoria, o Código Penal adota a teoria restritiva, ou seja, diferencia autor de um crime do partícipe, tendo em vista que existem a participação de menor importância descrita no art. 29, § 1º, do CP e da participação impunível do art. 31 do CP. Segundo a teoria extensiva não existe diferença entre o autor do delito e partícipe, logo todos os envolvidos são considerados autores do crime.

A teoria restritiva diferencia autores de partícipe, onde o primeiro é aquele que realiza as elementares contida no tipo penal e o segundo é aquele que de alguma forma contribui para que o crime ocorra.

Já a teoria do domínio do fato traz um conceito mais amplo de autor do crime, incluindo além daqueles que realizam a conduta do tipo, os que controlam o pleno desenvolvimento do fato criminoso.

Formas de Concurso de Pessoa

Diante da teoria restritiva adotada pelo CP, existem duas formas de concurso de pessoas:

a) coautoria;
b) participação.

A *coautoria* ocorre quando duas ou mais pessoas praticam uma infração penal, ou seja, praticam as elementares que formam o tipo penal.

Já a *participação* o agente não realiza o ato de execução determinado na norma penal incriminadora, mas de alguma maneira concorre intencionalmente para a infração penal. Porém só pode atribuir a qualidade de partícipe a alguém, se ficar comprovado que o esse tinha ciência da finalidade delituosa do autor.

A participação se subdivide em:

a) moral (por induzimento ou instigação); ou
b) material (fornece um arma, por exemplo).

Autoria Mediata

Neste caso o sujeito ativo usa uma pessoa sem discernimento ou que esteja com uma falsa percepção da realidade para executar para o agente o crime, ou seja, esta pessoa é utilizada como um instrumento que age sem ter consciência ou sem vontade do que está fazendo.

Existem 5 hipóteses de ocorrer a autoria mediata, apesar de não estarem previstas expressamentes:

a) erro de tipo escusável provocado por terceiro (art. 20, § 2º, do CP;
b) coação moral irresistível (art. 22 do CP);
c) obediência hierárquica (art. 22 do CP);
d) erro de proibição escusável provocado por terceiro (art. 21, *caput*, do CP); e
e) inimputabilidade penal (art. 62, III, do CP).

Teoria quanto ao Concurso de Pessoas

A teoria adotada pelo Código Penal é a unitária, segundo o art. 29 do CP. Mas, existem casos previstos expressamente no CP, onde os envolvidos serão punidos por infrações penais distintas (é chamada teoria pluralista) de acordo com art. 29, § 2º, do CP, denominada cooperação dolosamente distinta.

a) *Cooperação Dolosamente Distinta* – art. 29, § 2º, do CP. Para que ocorra esta hipótese, o sujeito ativo quis participar de crime menos grave. Logo, responderá por este delito menos grave. Porém, se o resultado era previsível, aquele que quis participar do delito menos grave, poderá ter sua pena aumentada da metade pela previsibilidade da infração mais grave.

b) *Participação de Menor Importância* – neste caso mesmo que a participação seja de menor importância o sujeito ativo responderá pelo crime, mas a pena poderá ser reduzida de 1/6 (um sexto) a 1/3 (um terço) – está prevista no art. 29, § 1º, do CP.

Autoria Colateral

A autoria colateral é quando duas pessoas ou mais querem cometer o mesmo delito, mas uma não sabe da outra. Ex.: ambas furtam um mercado sem que um não saiba do outro. Ambos respondem por furto, mas não há concurso de agentes.

Uma situação importante é quando um dos autores consegue consumar o crime e o outro não – Ex.: "A" e "B" querem matar "C". "A" fica de um lado da rua e "B" do outro. Quando "C" passa ambos atiram, mas só o tiro de "A" acerta "C". "A" responderá por homicídio consumado e "B" por tentado.

Autoria Colateral Incerta

De acordo com Masson, "[...] conhecem-se os possíveis autores, mas não se conclui, em juízo de certeza, qual comportamento deu causa ao resultado." [1]

Temos a autoria colateral incerta quando "Y" e "Z" atiram e "W" que vem a falecer. Se a perícia não descobrir se foi o disparo de "Y" ou "Z" que matou "W", ambos responderão por homicídio tentado. Logo, neste tipo de autoria, se a perícia não conseguir apurar qual dos envolvidos no crime causou o resultado.

---

1   MASSON, Cleber. *Direito Penal:* parte geral (arts. 1º a 120) – vol. 1. 13. ed. Rio de Janeiro: Forense; São Paulo: MÉTODO, 2019.

RESUMO DO CAPÍTULO

Concurso de Pessoas

Conceito

– Segundo o Código Penal considera-se concurso de pessoas quando dois ou mais indivíduos praticam uma infração penal. Também é chamado de concurso de agentes ou de codelinquência.

Conceito de autoria do crime – Existem algumas teorias para definir autoria criminal, dentre elas temos:

a) unitária;

b) restritiva;

c) do domínio do fato.

– No que tange a definição de autoria, o CP adota a teoria restritiva descrita no art. 29, § 1º, do CP e da participação impunível do art. 31 do CP.

Formas de Concurso de Pessoa

– Existem duas formas de concurso de pessoas: a) *coautoria*; b) *participação*.

– A participação se subdivide em: a) *moral* (por induzimento ou instigação) ou b) *material* (fornece uma arma, por exemplo).

Autoria Mediata

– Neste caso o sujeito ativo usa uma pessoa (como instrumento) sem discernimento ou que esteja com uma falsa percepção da realidade para executar para o agente o crime.

Teoria quanto ao Concurso de Pessoas

– É a unitária, segundo o art. 29 do CP, salvo na hipótese da denominada cooperação dolosamente distinta.

a) *Cooperação Dolosamente Distinta* – art. 29, § 2º, do CP. Para que ocorra esta hipótese, o sujeito ativo quis participar de crime menos grave. Logo, responderá por este delito menos grave. Porém, se o resultado era previsível, aquele que quis participar do delito menos grave, poderá ter sua pena aumentada da metade pela previsibilidade da infração mais grave.

b) Participação de Menor Importância – neste caso o sujeito ativo responderá pelo crime, mas a pena poderá ser reduzida de 1/6 (um sexto) a 1/3 (um terço) – está prevista no art. 29, § 1º, do CP.

Autoria Colateral

– A autoria colateral é quando duas pessoas ou mais querem cometer o mesmo delito, mas uma não sabe da outra.

Autoria Colateral Incerta

– De acordo com Masson, "[...] conhecem-se os possíveis autores, mas não se conclui, em juízo de certeza, qual comportamento deu causa ao resultado."

– Temos a autoria colateral incerta quando "Y" e "Z" atiram e "W" que vem a falecer. Se a perícia não descobrir se foi o disparo de "Y" ou "Z" que matou "W", ambos responderão por homicídio tentado.

12 – Teoria Geral das Penas

Conceito de Pena

> [...] é a retribuição imposta pelo Estado em razão da prática de uma infração penal e consistente na privação ou restrição de bens jurídicos determinada pela lei, cuja a finalidade é a readaptação do condenado ao convívio social e a prevenção em relação à prática de novas infrações penais.[1]

As penas segundo a Constituição Federal de 1988

A CF determina como devem ser as penas no Brasil, logo temos:

a) art. 5º, XLVI, da CF – traz um rol de penas que podem ser adotas no Brasil;
b) art. 5º, XLVII, da CF – traz um rol de *penas que não podem* ser adotas no Brasil, assim: *morte*, salvo nos casos de guerra declarada; *perpétua* – art. 75 do CP; *trabalho forçado* – art. 31 da Lei de Execuções Penais; *cruéis* – ex. as cumpridas em regimes degradantes; *banimento do país*.

---

1 GONÇALVES, Victor Eduardo Rios. *Curso de Direito Penal:* parte geral, vol.1, São Paulo: Saraiva, 2015.

Finalidade das Penas

A doutrina apresenta três teorias que buscam explicar a finalidade da pena:

a) *absoluta ou da retribuição* – segundo esta teoria se deve punir o infrator pelo mau causado à vítima, aos seus familiares e à coletividade. Punir com mau pelo mau causado;

b) *relativa ou da prevenção* – tem a finalidade de intimidar as pessoas da sociedade, ou seja, evitar que delitos sejam cometidos;

c) *mista ou conciliatória* – tem dupla finalidade *punir* e *prevenir*.

Princípios da Aplicação da Pena

a) *Princípio Legalidade* – arts. 1º do CP e 5º, XXXIX, da CF – *nullum crimen nulla poema sine praevia lege* – não há pena sem prévia cominação legal.

b) *Princípio da Humanização da Pena* – art. 5º, XLVII, da CF, este veda penas cruéis, more, perpétua e etc. – decorre do princípio da dignidade da pessoa humana. Este princípio está estampado nos incisos XLVIII e XLIX ambos do art. 5º da CF.

c) *Princípio da Pessoalidade ou da Intranscedência* – art. 5º, XLV, da CF. A pena aplicada só pode ser cumprida pelo acusado condenado definitivamente.

d) *Princípio da Proporcionalidade* – Relação entre a pena aplicada com a gravidade do crime. Destina-se aos que criam a lei, tem a finalidade de evitar leis penais absurdamente rigorosas. Neste sentido temos o art. 8º da Declaração dos direitos do Homem e Cidadão – "a lei deve estabelecer pena estrita e evidentemente necessárias e ninguém pode ser punido senão

12 – Teoria Geral das Penas

por força de uma lei estabelecida e promulgada antes do delito e legalmente aplicada." Também serve para reconhecer que, uma conduta é atípica quando atinge o bem jurídico de forma irrelevante. Cumpre destacar que o Supremo Tribunal Federal poderá declarar inconstitucionalidade de artigos e leis em caso de grandes desproporções.

e) *Princípio da Individualização da Pena* – art. 5º, XLVI, da CF – as penas devem ser reguladas segundo a culpabilidade e os méritos pessoais do réu. Os arts. 59 e 60 ambos do CP determinam regras que o magistrado deve seguir para individualizar a pena do réu. Para cumprir este princípio as penas devem ser cumpridas em forma progressiva, vedando o regime integralmente fechado.

f) *Princípio da Inderrogabilidade* – No caso do acusado culpado definitivamente, o magistrado não pode deixar de aplicar a pena.

Penas Principais

O art. 32 do CP traz três tipos de penas adotadas no Brasil, apesar do art. 5º, XLVI, da CF trazer outras penas possíveis. São elas:

a) privativa de liberdade – prisão;
b) as restritivas de direitos;
c) a de multa.

As penas *Privativas de Liberdade* estão previstas no art. 33 do CP – são de reclusão e detenção – só cabe para crimes. E a contravenção é apenada com prisão simples – art. 6º da Lei de Contravenções. As penas *Restritivas* de direitos estão previstas do art. 43 ao 48 do CP. E a de *Multa* no art. 49 e seguintes do CP.

Das Penas Privativas de Liberdade

As penas privativas de liberdade no Brasil são de *Reclusão* e *Detenção*.

a) *Reclusão* – O legislador destinou a pena privativa de liberdade de reclusão aos delitos mais graves, como por exemplo, roubo, homicídio, estelionato, apropriação indébita etc. Tem forma de cumprimento mais severa.

b) *Detenção* – são destinadas aos crimes mais brandos, como por exemplo, crimes contra honra, ameaça etc. A diferença entre reclusão e detenção reside no fato que, a pena de reclusão pode ter o regime inicial fechado, semiaberto e aberto, enquanto a e detenção só pode iniciar no regime aberto ou semiaberto. A pena de reclusão deve ser cumprida antes da detentiva, ou seja, conforme a parte final do art. 69 do CP.

c) *Prisão Simples* – é a pena privativa de liberdade prevista para as contravenções – art. 6º da Lei das Contravenções Penais.

Para a aplicação da prisão simples existem regras a serem observadas rigorosamente:

1º) Só pode ser cumprida nos regimes abertos e semiabertos – vedada a regressão a regime fechado;

2º) A pena deve ser cumprida sem rigor penitenciário;

3º) Cumprir separado dos detentos por crimes;

4º) Trabalhos facultativo quando a pena não for maior que 15 (quinze) dias.

Regime Inicial de Cumprimento de Pena

O art. 33 do CP determina que a pena de reclusão deve ser cumprida em regime fechado, semiaberto ou aberto, mas a pena de detenção deve ser cumprida no regime semiaberto, e aberto.

12 – Teoria Geral das Penas

Regime Prisional – é nome dado ao tipo de estabelecimento que o réu vai cumprir a sua pena. O art. 33, § 1º, alíneas *a*, *b*, c do CP traz a definição dos regimes:

a) *fechado* – estabelecimento penal de segurança máxima ou média
b) *semiaberto* – estabelecimento penal colônia agrícola, industrial ou estabelecimento similar;
c) *aberto* – casa do albergado ou estabelecimento adequado.

O Código Penal veda o cumprimento de pena em regime integralmente fechado, logo diante do determinado pelo art. 33, § 2º, do CP, as penas deverão ser cumpridas em forma progressiva.

O juiz ao condenar o réu deve estabelecer o regime inicial de cumprimento de pena privativa de liberdade – art. 33, § 2º, do CP. Os pedidos de progressões ou regressões são decididas pelo juiz das execuções penais.

Para fixação do regime inicial, o magistrado observa os seguintes fatores:

1) se a pena do crime é de reclusão ou detenção;
2) quantidade de pena aplicada de acordo com as regras da lei;
3) se o réu é primário ou reincidente;
4) se as circunstâncias judiciais do art. 59 do CP – são favoráveis ou não em relação ao réu;
5) tempo de prisão provisória ou internação ou prisão administrativa – art. 387, § 2º, do CPP – para determinar regime inicial.

Crimes Apenados com Reclusão – art. 33, § 2º, do CP

O réu *reincidente* deve começar no fechado quando a pena for maior que 4 (quatro) e até 8 (oito) anos. Mas, se a pena for igual e inferior a 4 (quatro) anos e o *réu for reincidente*, o regime inicial será semiaberto (caso as circunstancias judiciais sejam favoráveis) ou fechado (circunstâncias desfavoráveis).

O juiz que condena o réu não pode aplicar um regime prisional mais gravoso que a lei permite, salvo se fundamentar a sua decisão. Tal posicionamento encontra-se esculpido nas Súmulas nº 718 e 719 ambas do STF e Súmula nº 440 do STJ:

> Súmula nº 718 do STF — A opinião do julgador sobre a gravidade em abstrato do crime não constitui motivação idônea para a imposição de regime mais severo do que o permitido segundo a pena aplicada.
> Súmula nº 719 do STF — A imposição do regime de cumprimento mais severo do que a pena aplicada permitir exige motivação idônea.
> Súmula nº 440 do STJ — Fixada a pena-base no mínimo legal, é vedado o estabelecimento de regime prisional mais gravoso do que o cabível em razão da sanção imposta, com base apenas na gravidade abstrata do delito.

No que é pertinente aos crimes hediondos e os equiparados aos hediondos (Tráfico de Drogas, Tortura e Terrorismo) devem começar em qual regime prisional, segundo o art. 2º, § 1º da Lei nº 8.072/1990 — os acusados por crimes hediondos e os assemelhados devem iniciar no regime fechado, porém segundo o STF, salvo se for possível um regime mais brando.

Crimes Apenados com Detenção

Os crimes apenados com detenção o regime inicial para o cumprimento da pena será o semiaberto ou aberto — art. 33, § 2º, do CP. Só na fase da execução da pena é que cabe a regressão para o regime fechado aos crimes apenados com detenção.

Cumprimento das Penas Privativas de Liberdade

Cumprimento da Pena em Regime Fechado

O art. 34 do CP determina que o condenado que vai iniciar o seu cumprimento de pena no regime fechado deve ser submetido ao exame criminológico de classificação.

O exame de *Classificação do Condenado* que é o obrigatório quando o condenado deve inciar o seu cumprimento de pena no regime fechado,analisa aptidão para trabalho, a personalidade de forma geral, não só periculosidade, bem como analisa vocações profissionais),ela é ampla e genérica. A finalidade da classificação é elaborar um programa individualizador da pena privativa de liberdade adequado ao condenado ou preso provisório. E com base neste programa o juiz e o diretor vão decidir como se dará a execução do preso.

Já o *Exame Criminologico* é uma peça da classificação, destinado a analisar um traço específico da personalidade do indivíduo – traça um prognóstico da periculosidade do preso, se ele é perigoso ou não. Se for solto se volta a delinquir.

O condenado ao regime fechado *iniciará o cumprimento de pena em um estabelecimento de segurança máxima ou média,* bem como fica sujeito a trabalho interno durante o dia e isolamento à noite – não pode trabalhar aos domingos e feriados, no mínimo 6 horas de trabalho e no máximo 8 horas. Deve receber no mínimo 75% do valor do salário mínimo – não está sujeito as normas da CLT.

Outro detalhe é que o condenado ao regime fechado tem direito a uma cela individual, aparelho dormitório, sanitário e lavatório, ambiente deve ser saudável, com insolação, aeração, 6m² (seis metros quadrados) – art. 88 da Lei nº 7.210/1984 (Lei de Execução Penal).

A *Penitenciária Feminina* conterá:

a) ala para gestante e parturientes,
b) creche para abrigar crianças maiores de 6 meses e menores de 7 anos.

As *Permissões de Saída* ao condenado a regime fechado estão previstas no art. 120 da Lei de Execução Penal – é o diretor do estabelecimento que autoriza a saída do preso em caso de doenças grave ou falecimento do cônjuge, ascendente, descendente, companheira ou irmão, para saída de tratamento. Tal permissão cabe aos condenados em regime fechado, semiaberto e aos presos provisórios.- Se o diretor do estabelecimento penal negar este requerimento, o pedido deverá ser dirigido ao juiz das execuções penais.

Cumprimento da Pena em Regime Semiaberto

O condenado ao regime semiaberto iniciará o cumprimento de pena em Estabelecimento agrícola ou industrial ou similar de acordo com o art. 33, § 1º, *b*, do CP.

O art. 35, §§ 1º e 2º, do CP determina que condenado ao regime semiaberto fica sujeito a trabalho em comum durante o período diurno, em colônia agrícola, industrial ou estabelecimento similar, bem como permite o trabalho externo e a freqüência a cursos supletivos profissionalizantes, de instrução de segundo grau ou superior.

O condenado ao regime semiaberto tem direito a saída temporária de acordo e dentro das hipóteses do art. 122 da Lei nº 7.210/1984 (Lei de Execução Penal), sem vigilância direta. A autorização será concedida por prazo não superior a 7 (sete) dias, podendo ser renovada por mais 4 (quatro) vezes durante o ano. O juiz da vara da execuções penais imporá condições a serem cumpridas pelo liberado – art. 124, § 2º, da LEP. É obrigatório ouvir o Ministério Público e administração penitenciária, antes da decisão – art. 123 da LEP. Os requisitos para saída temporária estão elencados no art.123 da LEP, bem como as causas de revogação do benefício no art.125 da LEP.

Pena Restritiva de Direitos

Outra pena prevista no Código Penal é a restritiva de direito, onde o condenado não será punido com privação da sua liberdade.

Requisitos – O art. 44 do CP traz um rol de requisitos que devem ser preenchidos para que o juiz possa converter a pena privativa de liberdade em restritiva de direito, senão vejamos:

- cabe para qualquer crime culposo ou doloso com pena até 4 (quatro) anos;
- também pode ser aplicada a pena restritiva de direitos ao crime doloso sem violência ou grave ameaça;
- o réu para fazer jus a este tipo de pena não pode ser reincidente em crime doloso;
- o Juiz analisará a culpabilidade, antecedentes, conduta social e personalidade do condenado para converter a pena privativa de liberdade em pena restritiva de direito;

- *condenação* até 1 (um) ano – tem direito a uma pena restritiva de direitos ou de multa;
- *condenação* superior a 1 (um) ano – o juiz pode aplicar uma pena restritiva de direitos mais multa.

Da Pena de Multa

Quando o acusado é condenado a pena de multa esta consiste no pagamento ao fundo penitenciário da quantia fixada na sentença e calculada em dias-multa. Será, no mínimo, de 10 (dez) e, no máximo, de 360 (trezentos e sessenta) dias-multa. – art.49 do CP. A pena deve ser paga até 10 dias após trânsito em julgado da sentença condenatória (art. 50 do CP). O valor da multa poderá ser parcelado caso o juiz permita. Caso a pena de multa não seja paga pelo condenado, não pode ser convertida em pena privativa de liberdade. Sobrevindo doença mental ficará suspensa a execução da pena de multa.

Do Livramento Condicional

Segundo o art. 131 da Lei nº 7.210/1984 (Lei de Execução Penal) para a concessão do benefício do livramento condicional é necessário o preenchimento dos requisitos objetivos e subjetivos do art. 83, *caput*, incisos I ao V do CP, senão vejamos:

> Art. 83. O juiz poderá conceder livramento condicional ao condenado a pena privativa de liberdade igual ou superior a 2 (dois) anos, desde que: (Redação dada pela Lei nº 7.209, de 11-7-1984)
>
> I – cumprida mais de um terço da pena se o condenado não for reincidente em crime doloso e tiver

bons antecedentes; (Redação dada pela Lei nº 7.209, de 11-7-1984)

II – cumprida mais da metade se o condenado for reincidente em crime doloso; (Redação dada pela Lei nº 7.209, de 11-7-1984)

III – comprovado: (Redação dada pela Lei nº 13.964, de 2019)

a) bom comportamento durante a execução da pena; (Incluído pela Lei nº 13.964, de 2019)

b) não cometimento de falta grave nos últimos 12 (doze) meses; (Incluído pela Lei nº 13.964, de 2019)

c) bom desempenho no trabalho que lhe foi atribuído; e (Incluído pela Lei nº 13.964, de 2019)

d) aptidão para prover a própria subsistência mediante trabalho honesto; (Incluído pela Lei nº 13.964, de 2019)

IV – tenha reparado, salvo efetiva impossibilidade de fazê-lo, o dano causado pela infração; (Redação dada pela Lei nº 7.209, de 11-7-1984)

V – cumpridos mais de dois terços da pena, nos casos de condenação por crime hediondo, prática de tortura, tráfico ilícito de entorpecentes e drogas afins, tráfico de pessoas e terrorismo, se o apenado não for reincidente específico em crimes dessa natureza. (Incluído pela Lei nº 13.344, de 2016). (Vigência)

Parágrafo único. Para o condenado por crime doloso, cometido com violência ou grave ameaça à pessoa, a concessão do livramento ficará também subordinada à constatação de condições pessoais que façam presumir que o liberado não voltará a delinquir.

Requisitos Objetivos para concessão do Livramento

O Código Penal elenca os requisitos objetivos cumulativos, para a concessão do livramento condicional, a saber:

1) cumprir a quantidade da pena imposta (art. 83, I, II e V, do CP);
2) a pena da condenação deve ser igual ou superior a 2 anos (art. 83, *caput*, do CP);
3) reparar o dano a vítima, salvo impossibilidade de fazê-lo (art. 83, IV, do CP);
4) não ter cometido falta grave nos últimos 12 meses (art. 83, III, *b*, do CP).

Requisitos Subjetivos

O Código Penal elenca também os requisitos subjetivos, para a concessão do livramento condicional, a saber:

1) bom comportamento durante a execução da pena (art. 83, III, *a*, do CP);
2) bom desempenho no trabalho que lhe foi atribuído (art. 83, III, *c*, do CP);
3) aptidão para prover a própria subsistência mediante trabalho honesto (art. 83, III, *d*, do CP);
4) constatação de condições pessoais que façam presumir que o liberado não voltará a delinquir (art. 83, par. ún., do CP).

As causas facultativas de revogação do livramento condicional estão esculpidas no art. 87 do CP, já as causas obrigatórias de revogação do livramento estão elencadas no art. 86 do CP.

RESUMO DO CAPÍTULO

Teoria Geral das Penas

– As Penas segundo a Constituição Federal de 1988:

a) art. 5º, XLVI, da CF – traz um rol de penas que podem ser adotas no Brasil;

b) art. 5º, XLVII, da CF – traz um rol de *penas que não podem* ser adotas no Brasil, assim: *morte*, salvo nos casos de guerra declarada; *perpétua* –art. 75 do CP; *trabalho forçado* – art. 31 da Lei de Execuções Penais; *cruéis* – ex. as cumpridas em regimes degradantes; *banimento do país*.

Finalidade das Penas

– A doutrina apresenta três teorias que buscam explicar a finalidade da pena:

a) absoluta ou da retribuição;

b) relativa ou da prevenção;

c) mista ou conciliatória.

Princípios da aplicação da pena

a) princípio legalidade;

b) princípio da humanização da pena.

c) princípio da pessoalidade ou da intrascedência;

d) princípio da proporcionalidade;

e) princípio da individualização da pena – art. 5º, XLVI, da CF;

f) princípio da inderrogabilidade.

Penas Principais

a) Privativa de liberdade – art. 33 do CP.

b) As restritivas de direitos – art. 43 do CP.

c) A de multa – art. 49 do CP.

Das Penas Privativas de Liberdade

– As penas privativas de liberdade no Brasil são de *Reclusão* e *Detenção*.

– A diferença entre reclusão e detenção reside no fato que, a pena de reclusão pode ter o regime inicial fechado, semiaberto e aberto, enquanto a e detenção só pode iniciar no regime aberto ou semiaberto.

– A pena de reclusão deve ser cumprida antes da detentiva, ou seja, conforme a parte final do art. 69 do CP.

– *Prisão Simples*

1º) Só pode ser cumprida nos regimes abertos e semiabertos – vedada a regressão a regime fechado;

2º) A pena deve ser cumprida sem rigor penitenciário;

3º) Cumprir separado dos detentos por crimes;

4º) rabalhos facultativo quando a pena não for maior que 15 (quinze) dias.

Regime Inicial de Cumprimento de Pena

– O art. 33 do CP determina que a pena de reclusão deve ser cumprida em regime fechado, semiaberto ou aberto, mas a pena de detenção deve ser cumprida no regime semiaberto, e aberto.

Regime Prisional

a) *Fechado* – estabelecimento penal de segurança máxima ou média.

b) *Semiaberto* – estabelecimento penal colônia agrícola, industrial ou estabelecimento similar.

c) *Aberto* – casa do albergado ou estabelecimento adequado.

– O juiz ao condenar o réu deve estabelecer o regime inicial de cumprimento de pena privativa de liberdade. Para fixação do regime inicial, o magistrado observa os seguintes fatores:

1) se a pena do crime é de reclusão ou detenção;

2) quantidade de pena aplicada de acordo com as regras da lei;

3) se o réu é primário ou reincidente;

4) se as circunstâncias judiciais do art. 59 do CP são favoráveis ou não em relação ao réu;

5) tempo de prisão provisória ou internação ou prisão administrativa – art. 387, § 2º, do CPP – para determinar regime inicial.

a) *Crimes Apenados com Reclusão* – art. 33, § 2º, do CP – O réu reincidente deve começar no fechado quando a pena for maior que 4 (quatro) e até 8 (oito) anos. Mas, se a pena for igual e inferior a 4 (quatro) anos e o réu for reincidente, o regime inicial será semiaberto (caso as circunstancias judiciais sejam favoráveis) ou fechado (circunstâncias desfavoráveis). O juiz que condena o réu não pode aplicar um regime prisional mais gravoso que a lei permite.

b) *Crimes Apenados com Detenção* – Os crimes apenados com detenção o regime inicial para o cumprimento da pena será o semiaberto ou aberto – art. 33 § 2º, do CP. Só na fase da execução da pena é que cabe a regressão para o regime fechado aos crimes apenados com detenção.

Cumprimento das Penas Privativas de Liberdade

a) *Cumprimento da Pena em Regime Fechado*: o art. 34 do CP determina que o condenado que vai iniciar o seu cumprimento de pena no regime fechado deve ser submetido ao exame criminológico de classificação.

b) *Cumprimento da Pena em Regime Semiaberto*: o condenado ao regime semiaberto iniciará o cumprimento de pena em Estabelecimento agrícola ou industrial ou similar de acordo com o art. 33, § 1º, *b*, do CP.

– O art. 35, §§ 1º e 2º, do CP – fica sujeito a trabalho em comum durante o período diurno, em colônia agrícola, industrial ou estabelecimento similar, bem como permite o trabalho externo e a freqüência a cursos supletivos profissionalizantes, de instrução de segundo grau ou superior.

O condenado ao regime semiaberto tem direito a saída – art. 122 da Lei nº 7.210/1984 (Lei de Execução Penal), sem vigilância direta.

Pena Restritiva de Direitos

Requisitos – O art. 44 do CP

Da Pena de Multa

– Será, no mínimo, de 10 (dez) e, no máximo, de 360 (trezentos e sessenta) dias-multa. – art.49 do CP.

– Deve ser paga até 10 dias após trânsito emjulgado da sentença condenatória (art. 50 do CP).

– O valor da multa poderá ser parcelado caso o juiz permita.

– Ausência de pagamento da pena de multa pelo condenado, não pode ser convertida em pena privativa de liberdade. Sobrevindo doença mental ficará suspensa a execução da pena de multa.

Do Livramento Condicional

– Preenchimento dos requisitos objetivos e subjetivos do art. 83, *caput*, incisos I ao V do CP, senão vejamos:

Requisitos Objetivos para Concessão do Livramento

1) Cumprir a quantidade da pena imposta (incisos I, II e V).

2) A pena da condenação deve ser igual ou superior a 2 (dois) anos (*caput* do art. 83 do CP).

3) Reparar o dano a vítima, salvo impossibilidade de fazê-lo (inciso IV do art. 83 do CP).

4) Não ter cometido falta grave nos últimos 12 (doze) meses (inciso III, alínea *b* do art. 83 do CP).

Requisitos Subjetivos

1) Bom comportamento durante a execução da pena (art. 83, III, *a*, do CP).

2) Bom desempenho no trabalho que lhe foi atribuído; e (art. 83, III, *c*, do CP).

3) Aptidão para prover a própria subsistência mediante trabalho honesto; (art. 83, III, *d*, do CP).

4) Constatação de condições pessoais que façam presumir que o liberado não voltará a delinquir (art. 83, par. ún. do CP).

– As causas facultativas de revogação do livramento condicional estão esculpidas no art. 87 do CP, já as causas obrigatórias de revogação do livramento estão elencadas no art. 86 do CP.

13 – Concurso de Crimes

Conceito

É quando uma pessoa mediante pratica dois ou mais crimes mediante uma ou mais condutas. Tem que ser necessariamente dois ou mais crimes praticados pelo mesmo sujeito ativo, bem como não pode estar presente as hipóteses que deve ser aplicado o princípio da consunção.

Modalidades de Concursos de Crimes

Como é sabido o Código Penal traz três espécies de concurso nos seus arts. 69, 70 e 71:

a) concurso material – art. 69 do CP;
b) concurso formal – art. 70 do CP;
c) crime continuado – art. 71 do CP.

Concurso Material

Segundo determina o art. 69 do CP, quando o sujeito ativo mediante duas ou mais ações ou omissões, pratica dois ou mais delitos ocorre o concurso material, que também é chamado de concurso real ou cúmulo material.

– A soma das penas devem ser por crimes na mesma ação penal.
– Tem que haver conexão entre os crimes.

Tipos de Concurso Material

1) *Homogêneo* – as infrações penais praticadas são idênticas, desde que sejam diversas as circunstâncias de tempo, local ou modo de execução.

2) *Heterogêneo* – crimes cometidos são diferentes. Ex. roubo e induzimento ao suicídio.

Soma das Penas

As penas devem ser da mesma espécie. Duas de reclusão. Ex.: furto e apropriação em débito. Primeiro o juiz estabelece a pena de cada um e depois soma. O mesmo raciocínio se aplica a dois crimes apenados com detenção.

Cabe lembrar que quando as penas forem diversas, ou seja, um crime apenado com reclusão e outro com detenção, o magistrado estabelece a pena de cada um dos delitos e depois o réu primeiro vai cumprir a de reclusão e depois a de detenção, de acordo com que determina a parte final do art. 69 do CP:

> Art. 69. Quando o agente, mediante mais de uma ação ou omissão, pratica dois ou mais crimes, idênticos ou não, aplicam-se cumulativamente as penas privativas de liberdade em que haja incorrido. *No caso de aplicação cumulativa de penas de reclusão e de detenção, executa-se primeiro aquela.* – (grifos nossos)

Concurso Material e Penas Restritivas de Direito

O art. 69, § 1º, do CP – foi regovado tacitamente.

O juiz pode atualmente em caso de concurso material, aplicar a um dos delitos a pena privativa de liberdade – a ser cumprida efetivamente em prisão – e, em relação ao outro, realize a substituição por pena restritiva de direitos compatível com o cumprimento da pena privativa de liberdade.

Exemplo: o juiz pode condenar o réu a 10 anos de reclusão, em regime inicial fechado, pelo crime de roubo majorado, e, no que diz respeito ao crime de estelionato apurado nos autos, aplicar a pena restritiva consistente em perda de bens, ambas as penas podem ser cumpridas concomitantemente.

Há crimes que o próprio tipo penal prevê a soma de penas, tais como resistência do art. 329, § 2º, injúria do art. 140, § 2º, constrangimento ilegal do art. 146, § 2º todos do CP.

> Resistência
>
> Art. 329. Opor-se à execução de ato legal, mediante violência ou ameaça a funcionário competente para executá-lo ou a quem lhe esteja prestando auxílio:
> Pena – detenção, de dois meses a dois anos.
> § 1º Se o ato, em razão da resistência, não se executa:
> Pena – reclusão, de um a três anos.
> § 2º *As penas deste artigo são aplicáveis sem prejuízo das correspondentes à violência.* (grifos nossos).
>
> Injúria
>
> Art. 140. Injuriar alguém, ofendendo-lhe a dignidade ou o decoro:
> Pena – detenção, de um a seis meses, ou multa.
> § 1º O juiz pode deixar de aplicar a pena:
> I – quando o ofendido, de forma reprovável, provocou diretamente a injúria;
> II – no caso de retorsão imediata, que consista em outra injúria.
> § 2º Se a injúria consiste em violência ou vias de fato, que, por sua natureza ou pelo meio empregado, se considerem aviltantes:
> *Pena – detenção, de três meses a um ano, e multa, além da pena correspondente à violência.* (grifos nossos).

Concurso Formal – conhecido como "Concurso Ideal"

Ocorre o concurso formal quando a pessoa, mediante única ação ou omissão, pratica dois ou mais crimes, idênticos ou não, conforme art. 70 do CP.

Crimes idênticos – neste caso na hora do juiz aplicar a sanção penal em sua sentença condenatória, aplica uma só pena, aumentada de 1/6 (um sexto) até a ½ (metade). – Chamado concurso formal homogêneo.

Exemplo: a pessoa provoca um acidente em que morrem duas pessoas. Pega pena mínima do crime e aumenta de 1/6 (um sexto).

Critério para aumento da Pena segundo a Jurisprudência Pacífica quando ocorrer mais de dois crimes em Concurso Formal

a) *2 (dois) crimes*: aumento é de 1/6 (um sexto) da pena;
b) *3 (três) crimes*: aumento é de 1/5 (um quinto) da pena;
c) *4 (quatro) crimes*: aumento de ¼ (um quarto) da pena;
d) *5 (cinco) crimes*: aumento de 1/3 (um terço) da pena;
e) *6 (seis) crimes*: aumento de ½ (metade) da pena.

Concurso Formal Perfeito (Próprio) e Imperfeito (Impróprio)

Concurso Formal Perfeito (Próprio): ocorre quando o agente *não pretende* praticar vários crimes, ou seja, não possui autonomia de desígnios em relação aos resultados, logo a consequência é aplicação de uma só pena aumentada de 1/6 (um sexto) até ½ (metade), a luz do *caput do art. 70 do CP*. Ex.: dois ou mais crimes culposos; um crime culposo e outro doloso; ou dois crimes fruto do dolo eventual.

Concurso Formal Imperfeito (Impróprio): sempre que o agente com uma só ação ou omissão dolosa, praticar dois ou mais crimes, cujos os resultados ele efetivamente visava. Ele age com dolo direto nos dois crimes, quer os dois resultados.

A regra funciona por exclusão: se não for *dolo direto* para todos os crimes será *concurso formal perfeito*.

Erro Acidental

Pode ocorrer que o sujeito ativo cometa erros acidentais tais como: *aberratio ictus* e *aberratio delicti* com dois resultados, neste caso teremos aplicação do concurso formal na hora de estabelecer a quantidade de pena final.

Erro na Execução (aberratio ictus) com dois resultados

Existe quando o agente pretende atingir uma determinada pessoa, e efetua o golpe, mas por má pontaria ou outro motivo qualquer acaba atingindo pessoa diversa da que pretendia. – Art. 73 do CP – responde como se tivesse atingido a pessoa desejada.

Exemplo: quero atingir MARIA com um tiro, mas acerto BETO. Mas se atingir BETO e MARIA, responde por culposo em relação a BETO e doloso em relação a MARIA. Neste caso deve aplicar concurso formal perfeito (art. 73, parte final do CP).

Resultado Diverso do Pretendido (Aberratio Criminis) com Dois Resultados

O agente quer cometer um crime, mas acaba cometendo outro. Quer quebrar a janela com uma pedra, mas acaba errando e acertando uma pessoa que lá passava. Responde por lesão corporal, segundo o art. 74 do CP. Mas se quebrar a janela e acertar a pessoa, responde pelo crime de dano e de lesão corporal em concurso formal.

Concurso Material Benéfico

É quando o agente comete dois crimes diferentes e ocorra uma distorção na aplicação da pena. Neste caso aplicar o concurso formal deixa a pena muito mais alta que se apenas oma-las em concurso material. Se somar as penas chegas a um número menor do que aplicar a regra do concurso formal. Ex.: estupro de vulnerável (art. 217-A) + perigo de contágio de moléstia venérea – art. 130 CP:

- pena mínima estupro – 8 (oito) anos;
- pena mínima de contágio – 3 (três) meses;
- soma = 8 (oito) anos e 3 (três) meses;
- pena de 8 (oito) anos + 1/6 (um sexto) = 9 (nove) anos e 4 (quatro) meses;
- como a soma é mais benéfica deve aplicar esta regra = concurso material benéfico.

RESUMO DO CAPÍTULO

Concurso de Crimes

Conceito

– É quando uma pessoa mediante pratica dois ou mais crimes mediante uma ou mais condutas.

Modalidades de Concursos de Crimes

– Como é sabido o Código Penal traz três espécies de concurso nos seus arts. 69, 70 e 71:

13 – Concurso de Crimes

a) concurso material – art. 69 do CP;

b) concurso formal – art. 70 do CP;

c) crime continuado – art. 71 do CP.

Concurso Material

– O art. 69 do CP.

– A soma das penas devem ser por crimes na mesma ação penal.

– Tem que haver conexão entre os crimes.

– Tipos de concurso material: *Homogêneo* e *Heterogêneo*.

Soma das Penas

– As penas devem ser da mesma espécie.

Penas Diversas

– Um crime apenado com reclusão e outro com detenção, o magistrado estabelece a pena de cada um dos delitos e depois o réu primeiro vai cumprir a de reclusão e depois a de detenção.

Concurso Material e Penas Restritivas de Direito

– O art. 69, § 1º, do CP – *foi revogado tacitamente*.

– O juiz pode atualmente em caso de concurso material, aplicar a um dos delitos a pena privativa de liberdade – a ser cumprida efetivamente em prisão – e, em relação ao outro, realize a substituição por pena restritiva de direitos compatível com o cumprimento da pena privativa de liberdade.

Concurso Formal – conhecido como "Concurso Ideal"

– Única ação ou omissão, pratica dois ou mais crimes, idênticos ou não – art. 70 do CP.

Crimes idênticos – aplica uma só pena, aumentada de 1/6 (um sexto) até a ½ (metade).

– Critério para aumento da pena segundo a jurisprudência pacífica quando ocorrer mais de dois crimes em concurso formal:

a) *2 (dois) crimes*: aumento é de 1/6 (um sexto) da pena;
b) *3 (três) crimes*: aumento é de 1/5 (um quinto) da pena;
c) *4 (quatro) crimes*: aumento de 1/4 (um quarto) da pena;
d) *5 (cinco) crimes*: aumento de 1/3 (um terço) da pena;
e) *6 (seis) crimes*: aumento de ½ (metade) da pena.

Concurso Formal Próprio (Perfeito)

– Ocorre quando o agente *não pretende* praticar vários crimes, logo a consequência é aplicação de uma só pena aumentada de 1/6 (um sexto) até ½ (metade), a luz do *caput do art. 70 do CP.*

Concurso Formal Imperfeito (Impróprio)

– Sempre que o agente com uma só ação ou omissão dolosa, praticar dois ou mais crimes, cujos os resultados ele efetivamente visava.

Erro Acidental

– *Aberratio ictus* e *Aberratio delicti* com dois resultados, neste caso teremos aplicação do concurso formal na hora de estabelecer a quantidade de pena final.

Erro na Execução (aberratio ictus) com dois resultados

– Existe quando o agente pretende atingir uma determinada pessoa, e efetua o golpe, mas por má pontaria ou outro motivo qualquer acaba atingindo pessoa diversa da que pretendia. – Art. 73 do CP.

13 – Concurso de Crimes

Resultado Diverso do Pretendido (aberratio criminis) com dois resultados
– O agente quer cometer um crime, mas acaba cometendo outro.

Concurso Material Benéfico
– É quando o agente comete dois crimes diferentes e ocorra uma distorção na aplicação da pena. Se somar as penas chegas a um número menor do que aplicar a regra do concurso formal.

14 – Medida de Segurança

Conceito

> [...] é um instrumento ao lado da pena utilizada pelo Estado, aplicada ao inimputável, em resposta ao um crime, ou seja, medida de segurança tem caráter jurisdicional, instrumento sancionatório que restringe a liberdade do indivíduo doente, aplicada somente em decorrência da prática de um ilícito penal.[1]

A pena e a medida de segurança são espécies de sanção penal.

Finalidade da Medida de Segurança

A medida de segurança **é uma espécie de sanção que** nasceu com a finalidade de *Prevenir*, ou seja, evitar que o criminoso perigoso torne a cometer crime. Portanto, diferente da finalidade da pena que é de prevenção, retribuição, ressocialização. *Ela* trabalha com a culpabilidade do agente.

Alguns Princípios que se aplicam às Medidas de Segurança

a) *Princípio da Legalidade* – anterioridade e reserva legal – aquele que for submetido a medida de segurança tem o direito de

---

1 CUNHA, Rogério Sanches. *Manual de Direito Penal:* parte geral (arts. 1º ao 120), 8.ed. rev., ampl. e atual.- Salvador: JusPODIVM, 2020.

saber de forma antecipada a duração e natureza da sua sanção penais.
b) *Princípio da Proporcionalidade* – para determinar o tipo de medida de segurança e o tempo que deve durar, o juiz observará a periculosidade do acusado, bem como a gravidade do crime.

Sistema de Aplicação

Antes do Código Penal ser reformado em 1984, a norma penal previa o *Sistema Do Duplo Binário, ou seja, o juiz podia aplicar pena e medida de segurança*, ou seja, quando o réu cometia um delito grave e violento, sendo considerando perigoso, era punido com medida de segurança + pena privativa de liberdade. *Duplo binário* – "doppio binário" (expressão italiana) – que significa dupla via, duplo trilho. *O sistema atual adotado no Brasil é chamado de Sistema Vicariante* (significa "que faz as vezes de outra coisa"), ou seja, o réu quando comete um crime o juiz poderá aplicar pena ou medida de segurança. Logo, se na época dos fatos o acusado era imputável receberá pena, se for inimputável é medida de segurança.

Diferença entre Pena e Medida de Segurança

A pena tem a finalidade de retribuir e prevenir crimes. A medida de segurança tem objetivo de prevenção (não visa dar um castigo para o sujeito que sequer sabia o que estava praticando), tem uma natureza terapêutica, curativa, pois foi criada para tratar o sujeito que praticou a infração penal. Além disso, a pena tem duração determinada e a medida de segurança tem duração indeterminada.

14 – Medida de Segurança

Situações que o Juiz pode aplicar uma Medida de Segurança ao Réu

Na *sentença absolutória imprópria*: demonstrado que o acusado era incapaz de entender o caráter ilícito da sua conduta no momento da prática do delito (*inimputável*), o juiz nomeará curador e, ao final, depois do resultado do incidente de insanidade mental constatando a existência de uma conduta típica e ilícita, o absolverá impondo-lhe medida de segurança. Essa sentença, embora absolutória, impõe uma privação ou restrição de liberdade ao réu, e por isso, o nome de absolutória imprópria (art. 386, III, do CPP).

a) *Incidente de Insanidade* – Momento: está previsto nos arts. 149 e 154 do CPP. Assim, segundo tais artigos, durante o Inquérito Policial, mediante representação do Delegado, ou no transcorrer da ação penal, por requerimento do MP, defensor, curador, ascendente, descendente, irmão ou cônjuge do acusado, ou até mesmo de ofício pelo juiz, poderá ser instaurado tal procedimento para a verificação da integridade mental do acusado no momento da prática do crime. Quando instaurado o incidente o processo ficará suspenso até o lado definitivo ser juntado na ação penal. O referido laudo que deverá ser realizado em 45 dias indicará quando o indiciado/acusado foi acometido da incapacidade mental. Ex.: o caso do João, que matou 1 e tentou matar 3 pessoas no Supermercado Paulínia, porque ouviu vozes.

Na *sentença condenatória*: a medida de segurança também pode ser plicada como sanção penal em uma decisão condenatória, quando o acusado for considerado semi-imputável. O réu considerado semi-imputável compreende parcialmente a ilicitude de sua conduta, ou seja, têm capacidade de entender o caráter ilícito do fato, mas não em sua plenitude. No caso do réu ser semi-imputável, o juiz aplicar uma sentença condenatória, mas poderá optar por *reduzir sua pena ou substituir por uma medida de segurança de acordo com previsto no art. 98 do CP*:

> Art. 98. Na hipótese do parágrafo único do art. 26 deste Código e necessitando o condenado de especial tratamento curativo, a pena privativa de liberdade pode ser substituída pela internação, ou tratamento ambulatorial, pelo prazo mínimo de 1 (um) a 3 (três) anos, nos termos do artigo anterior e respectivos §§ 1º a 4º.

Também será aplicada *a medida de segurança quando a insanidade mental surge no curso do cumprimento de pena*: caso sobrevenha uma doença mental no cumprimento da pena, tal fato demandará a conversão da pena em medida de segurança e sua transferência ao estabelecimento adequado como o Hospital de Custódia e Tratamento Psiquiátrico de acordo com art. 108 da Lei de Execução Penal ou outro local similar. É o mandamento do art. 183 da Lei nº 7.210/1984 (Lei de Execução Penal), senão vejamos:

> Art. 183. Quando, no curso da execução da pena privativa de liberdade, sobrevier doença mental ou perturbação da saúde mental, o Juiz, de ofício, a requerimento do Ministério Público, da Defensoria Pública ou da autoridade administrativa, poderá determinar a substituição da pena por medida de segurança.

14 – Medida de Segurança

O tempo de cumprimento da medida de segurança quando esta surge no curso da execução penal, possui quatro correntes doutrinárias e jurisprudencial para explica-la, senão vejamos:

a) tem duração indefinida, nos termos do art. 97, § 1º, do CP;
b) tem a mesma duração da pena privativa de liberdade aplicada, ou seja, ele cumpre o saldo da pena internado;
c) tem duração máxima de quarenta anos de acordo com atual art. 75 do CP que menciona que ninguém pode ficar preso por mais de 40 anos;
d) tem duração igual a sanção máxima culminada em abstrato ao crime que deu origem à medida de segurança.

A corrente que prevalece nos dias de hoje é que o internado cumpra somente o término da pena aplicada, pois não se pode interpretar a lei em desfavor do réu. Ademais ele ficou doente durante o cumprimento da pena privativa de liberdade e recebeu uma pena pois era imputável. Se ficou doente, não é justo deixar ele cumprir medida de segurança por tempo maior que a própria pena dada na sentença condenatória. (STJ – HC 12.957/SP – 2000/0037186-6. Relator: Ministro Felix Fischer. Data de Julgamento: 8-8-2000 – 5ª T. – Data de Publicação: *DJ* 4-9-2000. p. 175).

Um ponto importante a destacar, é se durante o cumprimento da pena, o condenado melhorar depois de pouco tempo após a internação, a Lei de Execução Penal não explica, mas segundo Guilherme de Souza Nucci entende que a medida de segurança deve ser convertida em pena.

Ex.: João Paulo (Imputável) foi condenado a 20 anos pela prática do crime de latrocínio. Depois de 10 anos cumprindo normalmente a sua pena em estabelecimento penal, adoece e tem a sua pena convertida em medida de segurança. Após, dois anos ele recupera a sua sanidade mental. Neste caso ele deve voltar a cumprir a sua pena privativa de liberdade em uma penitenciária, ou seja, ter a reconversão da medida de segurança em pena.

Espécies de Medidas de Seguranças de Acordo com o art. 96 do CP

a) Internação em hospital de custódia e tratamento psiquiátrico ou, à falta, emoutro estabelecimento adequado (medida de segurança é da espécie detentiva).
b) tratamento ambulatorial (medida de segurança é da espécie não detentiva – apenas restritiva).

O art. 97 do CP determina que a medida de segurança de internação em hospital de custódia e tratamento psiquiátrico, normalmente, é destinada as condenações por crimes apenados com reclusão, e o tratamento ambulatorial para os delitos apenados com detenção.

> Art. 97. Se o agente for inimputável, o juiz determinará sua internação (art. 26). Se, todavia, o fato previsto como crime for punível com detenção, poderá o juiz submetê-lo a tratamento ambulatorial.

Cumpre destacar, que esta regra não é absoluta, ou seja, o magistrado deverá levar em consideração as peculiaridades do caso concreto, bem como a periculosidade do agente, para poder aplicar a medida de segurança adequada. A justificativa para tal tese, se funda no art. 184 da Lei nº 7.210/1984 (Lei de Execução Penal) que diz:

> Art. 184. O tratamento ambulatorial poderá ser convertido em internação se o agente revelar incompatibilidade com a medida.

A jurisprudência tem decidido que se a infração penal for apenada com reclusão, será obrigatória a internação em hospital de custódia e tratamento psiquiátrico. *Tal posicionamento não é pacífico.* Existem decisões em sentido contrário. Isso porque, o fundamento da medida de segurança (internação ou tratamento ambulatorial) é a periculosidade do réu que não está prevista em abstrato em cada crime. Logo, o juiz deve decidir *de acordo com o laudo pericial, independente do regime de reclusão ou detenção.*

Pressupostos da Medida de Segurança

a) Prática de fato definido como crime.
b) Periculosidade do agente.

Medida de Segurança e seu prazo máximo de duração

A Lei Penal é omissa no que tange ao prazo de duração máxima da medida de segurança. A justificativa encontrada na doutrina para tal omissão legislativa, é o fato que a medida de segurança é aplicada diante da periculosidade do agente. Logo, enquanto perdurar a periculosidade deve permanecer a medida de segurança.

O art. 97, § 1º, do CP apenas apresenta o tempo mínimo que pode ficar o acusado em medida de segurança, de 1 (um) a 3 (três) anos.

> § 1º A internação, ou tratamento ambulatorial, será
> por tempo indeterminado, perdurando enquanto não
> for averiguada, mediante perícia médica, a cessação
> de periculosidade. *O prazo mínimo deverá ser de 1
> (um) a 3 (três) anos.* (grifos nossos)

A jurisprudência se divide quanto ao prazo máximo da duração da medida de segurança:

a) STJ – Súmula nº 527 – O tempo de duração da medida de segurança não deve ultrapassar o limite máximo da pena abstratamente cominada ao delito praticado. (Ex.: se o furto qualificado prevê pena máxima de 8 anos, então esse seria o limite);

b) STF – Não pode exceder ao limite do art. 75 do CP (STF – HC 98.360/RS, Relator: Ricardo Lewandowski, Data de Julgamento: 26-3-2009, Data de Publicação: *Dje* 1-4-2009; publicado em 2-4-2009). Lembrando que hoje o limite é 40 (quarenta) anos (alteração do pacote anticrime).

Na sentença que determina aplicação da medida de segurança, deverá constar o prazo mínimo da mesma para ao final deste prazo ser realizada a perícia médica para analisar se já cessou, não cessou ou diminuiu a periculosidade do internado. O parágrafo segundo do art. 97 do CP determina que após esta primeira perícia, as demais serão feitas periodicamente de ano em ano E, depois, periodicamente, de ano em ano ou qualquer tempo, a perícia também deve ser feita por determinação do juiz da execução.

Procedimento para verificar a cessação da Periculosidade do Agente

O procedimento para verificar se a periculosidade do condenado cessou segue as regras do art. 175 da Lei nº 7.210/1984 (Lei de Execução Penal), que determina:

1º) *a autoridade administrativa, até 1 (um) mês antes de expirar o prazo de duração mínima da medida,* remeterá ao Juiz minucioso relatório que o habilite a resolver sobre a revogação ou permanência da medida;

2º) o laudo psiquiátrico deve acompanhar o relatório que será encaminhado ao juiz.

3º) ouvir, sucessivamente, o Ministério Público e o curador ou defensor, no prazo de 3 (três) dias para cada um, após o relatório ou realizadas as diligências serem juntados no processo;

4º) caso o internado não possua um defensor ou curador, o juiz nomeará um ao agente.

5º) a possibilidade do juiz, de ofício ou a requerimento das partes, realizar diligências, mesmo após expirado o prazo de duração mínima da medida de segurança;

6º) ouvidas as partes ou realizadas as diligências a que se refere o inciso anterior, o Juiz proferirá a sua decisão, no prazo de 5 (cinco) dias.

A perícia pode ser feita a qualquer tempo – ou seja, antes do prazo mínimo fixado pelo juiz – art. 176 da Lei nº 7.210/1984 (Lei de Execução Penal).

O juiz pode realizar a detração na medida de segurança, logo, se o réu ficou preso ou internado provisoriamente, deve ser realizada a detração, conforme dispõe o art. 42 do CP.

> Art. 42. Computam-se, na pena privativa de liberdade e na medida de segurança, o tempo de prisão provisória, no Brasil ou no estrangeiro, o de prisão administrativa e o de internação em qualquer dos estabelecimentos referidos no artigo anterior.

Semi-Imputável – Pena ou Medida de Segurança

As medidas de segurança podem ser aplicadas aos inimputáveis e aos semi-imputáveis.

A diferença entre inimputável e semi-imputável está prevista no *caput* e par. ún. do art. 26 do CP.

> Art. 26. É isento de pena o agente que, por doença mental ou desenvolvimento mental incompleto ou retardado, era, ao tempo da ação ou da omissão, inteiramente incapaz de entender o caráter ilícito do fato ou de determinar-se de acordo com esse entendimento.
> Redução de pena
> Parágrafo único. A pena pode ser reduzida de um a dois terços, se o agente, em virtude de perturbação de saúde mental ou por desenvolvimento mental incompleto ou retardado não era inteiramente capaz de entender o caráter ilícito do fato ou de determinar-se de acordo com esse entendimento.

O juiz ao proferir a sentença condenatória ao semi-imputável poderá escolher se vai aplicar uma pena privativa de liberdade ou uma medida de segurança, ou seja, de acordo com o disposto no art. 98 do CP as semi-imputáveis se imporá uma pena, que será substituída pela internação ou tratamento ambulatorial.

Execução da Medida de Segurança

A Lei nº 7.210/1984 (Lei de Execução Penal) determina que a execução da medida de segurança seguirá as mesmas regras das penas privativas de liberdade. Portanto, o magistrado que condenou o réu, após o trânsito em julgado da sentença, ordenará a expedição de guia (de internamento ou tratamento ambulatorial), indispensável para a internação ou entrada em ambulatório, e dará vistas ao Ministério Público.

A guia de internação ou de tratamento ambulatorial conterá os seguintes requisitos conforme art. 173 da Lei nº 7.210/1984 (Lei de Execução Penal):

> Art. 173. A guia de internamento ou de tratamento ambulatorial, extraída pelo escrivão, que a rubricará em todas as folhas e a subscreverá com o Juiz, será remetida à autoridade administrativa incumbida da execução e conterá:
>
> I – a qualificação do agente e o número do registro geral do órgão oficial de identificação;
>
> II – o inteiro teor da denúncia e da sentença que tiver aplicado a medida de segurança, bem como a certidão do trânsito em julgado;
>
> III – a data em que terminará o prazo mínimo de internação, ou do tratamento ambulatorial;
>
> IV – outras peças do processo reputadas indispensáveis ao adequado tratamento ou internamento.

O tratamento ambulatorial pode ser convertido em internação em hospital de custódia segundo o art. 184 da Lei nº 7.210/1984 (Lei de Execução Penal).

Art. 184. O tratamento ambulatorial poderá ser convertido em internação se o agente revelar incompatibilidade com a medida.

E a internação, pode ser convertida em tratamento ambulatorial, apesar de não estar previsto em lei, a jurisprudência e doutrina chama de desinternação progressiva. Esta corrente doutrinária e jurisprudencial acredita que muito embora o art. 184 da LEP estabeleça somente a conversão de tratamento ambulatorial em internação, o inverso também possível.

A jurisprudência e Tribunais Superiores tem admitido a desinternação progressiva que é a passagem da internação para tratamento ambulatorial antes da liberação definitiva – este entendimento se apoia no art. 5º da lei nº 10.216/2001 (STF. HC 102.489/RS; 1ª T.; Rel. Min. Luiz Fux; j. 22-11-2011; *DJE* 1-2-2012; p. 91)

> Neste sentido, o Superior Tribunal Federal entende que deve ocorrer a desinternação progressiva se houver melhora no quadro psiquiátrico do internado: "[...] a Segunda Turma do Supremo Tribunal Federal entendeu cabível a adoção da *desinternação progressiva* de que trata a Lei 10.261/2001...) (HC 107.777/RS – Rio Grande do Sul – Rel. Ministro Ayres Brito, julgamento 7-2-2012, 2ª T.)

Cessação da Periculosidade – Extinção da Medida de Segurança

A extinção da medida de segurança ocorre com a cessão da periculosidade do agente. Se o juiz concluir que o agente não possui mais periculosidade declarará extinta a medida de segurança

14 – Medida de Segurança

e colocará o sujeito em liberdade, após a sentença transitar em julgado – art. 179 da Lei nº 7.210/1984 (Lei de Execução Penal):

> Art. 179. Transitada em julgado a sentença, o Juiz expedirá ordem para a desinternação ou a liberação.

Agora, se o laudo pericial afirmar que a periculosidade do sujeito ativo não cessou, deverá ser agendada nova data para novo exame pericial, para ver se a periculosidade continua, este prazo não poderá exceder o prazo mínimo da medida de segurança.

A desinternação destinada aos internados, bem como a liberação utilizada para os que estão em tratamento ambulatorial serão sempre condicionadas, ou seja, por um período de um ano. Neste período de 1 ano, pode ser revogada a qualquer tempo, a desinternação ou liberdade caso o agente pratique fato indicativo persistência de sua periculosidade.

Extinção e Prescrição da Medida

O agente, após um ano de liberdade condicionada sem a prática de ato que indique a existência de periculosidade, o juiz decretará a extinção da medida.

Prescrição

A doutrina e jurisprudência reconhece *a possibilidade da prescrição punitiva* da medida de segurança do *Inimputável* ou *Semi-imputável* – pelo máximo da pena em abstrato aplicada ao crime a luz do art. 109 do CP.

A doutrina e jurisprudência, no que é pertinente à prescrição executória da medida de segurança, se diverge em relação ao inimputável, senão vejamos:

a) *semi-imputável* – prescreve com base na pena em concreto substituída em medida de segurança;
b) *inimputável* – divergência doutrinária.

    1ª Corrente Doutrinária: não cabe a prescrição executória, pois não há condenação do inimputável.

    2ª Corrente Doutrinária: segue a Súmula nº 527 do STJ – O tempo de duração da medida de segurança não deve ultrapassar o limite máximo da pena abstratamente cominada ao delito praticado.

> Súmula 527 do STJ – O tempo de duração da medida de segurança não deve ultrapassar o limite máximo da pena abstratamente cominada ao delito praticado.

    Ex.: se o roubo do *caput* prevê pena máxima de 10 (dez) anos, então esse seria o limite.

    3ª Corrente Doutrinária: que segue STF, ou seja, não pode exceder ao limite máximo previsto do art. 75 do CP, ou seja, 40 anos (STF – HC 98.360/RS – Relator: Ricardo Lewandowski – Data de Julgamento: 26/03/2009 – *DJe* 1-4-2009. Publicação: 2-4-2009). Lembrando que hoje o limite é 40 anos (alteração do pacote anticrime).

> Art. 75. O tempo de cumprimento das penas privativas de liberdade não pode ser superior a 40 (quarenta) anos.

Medida de Segurança Provisória

    Como é sabido, não cabe a medida de segurança provisória na fase do inquérito policial – para inimputáveis, ébrios, toxicômanos.

14 – Medida de Segurança

Apenas pode ser decretada como instrumento de natureza cautelar, com a finalidade proteger a garantia da ordem pública – art. 319, VII do CPP.

RESUMO DO CAPÍTULO

Medida de Segurança

Finalidade da Medida de Segurança

– *Previnir*, ou seja, evitar que o criminoso perigoso torne a cometer crime.

Alguns princípios que se aplicam às medidas de segurança

a) Princípio da legalidade.

b) Princípio da proporcionalidade.

Sistema de Aplicação

– *Sistema Vicariante* (significa "que faz as vezes de outra coisa"), ou seja, o réu quando comete um crime o juiz poderá aplicar pena ou medida de segurança.

Diferença entre Pena e Medida de Segurança

– A pena tem a finalidade de retribuir e prevenir crimes. A medida de segurança tem objetivo de prevenção.

Situações que o Juiz pode aplicar uma Medida de Segurança ao Réu

– Sentença absolutória imprópria.

– Incidente de insanidade.

– Sentença condenatória.

Espécies de Medidas de Segurança de Acordo com o art. 96 do CP

a) Internação em hospital de custódia e tratamento psiquiátrico ou, à falta, em outro estabelecimento adequado (medida de segurança é da espécie detentiva).

b) Tratamento ambulatorial (medida de segurança é da espécie não detentiva – apenas restritiva).

Pressupostos da Medida de Segurança

a) Prática de fato definido como crime.

b) Periculosidade do agente.

Medida de Segurança e seu Prazo Máximo de Duração

– Enquanto perdurar a periculosidade deve permanecer a medida de segurança.

a) STJ – Súmula nº 527 – O tempo de duração da medida de segurança não deve ultrapassar o limite máximo da pena abstratamente cominada ao delito praticado.

b) STF – Não pode exceder ao limite do art. 75 do CP.

Procedimento para verificar a Cessação da Periulosidade do Agente

– Segue as regras do art. 175 da Lei nº 7.210/1984.

Semi-imputável – Pena ou Medida de Segurança

– As medidas de segurança podem ser aplicadas aos inimputáveis e aos semi-imputáveis.

Execução da Medida de Segurança

– A Lei nº 7.210/1984 (Lei de Execução Penal) determina que a execução da medida de segurança seguirá as mesmas regras das penas privativas de liberdade.

Cessação da Periculosidade – Extinção da Medida de Segurança

– A extinção da medida de segurança ocorre com a cessão da periculosidade do agente.

14 – Medida de Segurança

Extinção e Prescrição da Medida

– O agente, após um ano de liberdade condicionada sem a prática de ato que indique a existência de periculosidade, o juiz decretará a extinção da medida.

Prescrição

– Pelo máximo da pena em abstrato aplicada ao crime a luz do art. 109 do CP.

Medida de Segurança Provisória

– Apenas pode ser decretada como instrumento de natureza cautelar, com a finalidade proteger a garantia da ordem pública – art. 319, VII, do CPP.

15 – Ação Penal

Conceito

A ação penal é meio pelo qual se pede ao Estado-juiz a aplicação do direito penal a uma situação concreta.

Princípios Gerais da Ação Penal – Pública ou Privada

Princípio da presunção de inocência (estado de inocência, não culpabilidade): por este princípio, todo réu (acusado) é considerado inocente até a sentença condenatória se tornar definitiva (transitar em julgado) – art. 5º, LVII, da CF.

Princípio do contraditório: (diga o autor, diga o réu) – art. 5º, LV, da CF. Toda vez que uma parte apresenta uma alegação sobre os fatos ou provas, dentro de um processo, tem a parte contrária o direito de rebater, para que se mantenha um equilíbro dentro da relação acusação e defesa. Todo réu tem direito a defensor, não podendo ficar, dentro de uma ação penal, sem a presença do advogado (constituído, dativo ou público).

Princípio da publicidade: todos os atos do processo devem ser públicos, ou seja, acessíveis a todos que queiram ver (direito de informação), salvo os casos que a própria Carta Magna veda a publicidade – art. 5º, XXXIII e LX, da CF.

Princípio do devido processo legal: os processos devem se desenrolar de acordo com as regras da lei – art. 5º, LIV, da CF. Ele é composto de vários princípios constitucionais, tais como a ampla defesa e o contraditório.

Princípio da intranscedência: por este princípio, a ação penal não poderá passar da pessoa do réu, ou seja, da pessoa que foi atribuída à prática delituosa e, tão pouco a sua pena aplicada.

Princípio da verdade real: o magistrado, por força deste princípio, tem o dever de buscar a verdadeira história ocorrida (a realidade dos fatos), não devendo admitir a verdade formal trazida pelas partes. Existem situações, que acabam sendo exceções a aplicação deste princípio, como por exemplo, exibir provas no plenário do júri, que não tenham juntado aos autos com a antecedência mínima de 3 (três) dias úteis (art. 479 do CPP).

Princípio da ampla defesa: todo acusado faz jus a utilizar todos os meios de defesa em direito admitido, tais como autodefesa (se defender pessoalmente), defesa técnica (por advogado), o direito de se manifestar sempre por último, dentro do processo art. 5º, LV, da CF.

Tipos de Ação Penal

Conforme divisão subjetiva (de acordo titularidade para exercer o direito de ação), a ação penal será, o art. 100, *caput*, do CP deixa clara tal divisão:

> Art. 100. A ação penal é pública, salvo quando a lei expressamente a declara privativa do ofendido.

a) *Pública*: é a ação penal onde o titular é o Ministério Público e subdivide em:

   1) incondicionada;
   2) condicionada.

15 – Ação Penal

b) *Privada*: é ação penal onde o titular é o ofendido e subdivide em:

   1) ação penal privada exclusiva;
   2) ação penal privada personalíssima;
   3) ação penal privada subsidiária da pública.

Ação Penal – Condições da Ação Penal

São condições para o exercício da ação penal:

a) *legitimidade para agir* – trata-se da verdadeira legitimidade ad causam, ou seja, o juiz deve sempre averiguar se as partes são realmente legítimas para ocuparem o polo ativo (quem pretende punir) e o polo passivo (quem defende o direito de permanecer livre) de uma ação penal;

b) *possibilidade jurídica do pedido* – que a história (fatos) contada pela acusação seja realmente um crime;

c) *interesse de agir* – está representado pelo trinômio, – *Necessidade* (o princípio do devido processo legal deve sempre ser aplicado na ação penal) + *Adequação* (a acusação, seja o MP ou ofendido, deve sempre promover a ação penal seguindo as regras do CPP) + *Utilidade*;

d) *justa causa* – de haver um mínimo razoável de provas dos indícios de autoria e provas da existência do crime.

DICA DIRETO E RETO

Quando faltar qualquer uma das condições da ação penal o juiz deverá rejeitar a exordial (denúncia ou queixa-crime) nos termos do art. 395, II, do CPP. Tal dispositivo, não menciona as condições da ação com mesma nomenclatura.

> Tais condições da ação penal são chamadas de genéricas por alguns doutrinadores.

Da Ação Penal Pública

Princípios da Ação Penal Pública

a) *Princípio da intranscedência*: por este princípio, a ação penal não poderá passar da pessoa do réu, ou seja, da pessoa que foi atribuída à prática delituosa e, tão pouco a sua pena aplicada.

b) *obrigatoriedade ou legalidade* – o MP tendo em suas mãos os indícios de autoria e materialidade delitiva (os dois elementos necessários da ação penal) *Deve* oferecer a sua denúncia. O referido não é aplicado na hipótese dos crimes de menor potencial ofensivo – CMPO, onde o MP poderá oferecer ao réu, antes de aviar a denúncia, a aplicação da pena restritivas de direitos – transação penal.

c) *indisponibilidade da ação penal* – por esse princípio o MP (titular da ação penal pública) não poderá desistir da ação penal, uma vez oferecida à denúncia. Mais uma vez, a regra sofre exceções. No caso da aplicação do art. 89 da Lei nº 9.099/1995 – sursis processual – o MP oferece em sua a denúncia à proposta de aplicação do benefício da suspensão condicional do processo.

d) *oficialidade* – o órgão oficial investido no múnus de propor a ação penal pública é o Ministério Público – art. 129, I, da CF.

> *Ação Penal Pública* é uma ação penal onde o *Titular* é o *MP* que vai oferecer a sua petição inicial chamada *Denúncia*.

15 – Ação Penal

> O MP, segundo disposto no CPP em seu art. 257, incisos I e II, tem a função de promover a ação penal pública de forma privativa, bem como fiscalizar a execução da lei.

A Denúncia

É a petição inicial nas ações penais públicas. Como petição inicial possui requisitos para ser elaborada pelo MP, previstos no art. 41 do CPP, a saber:

a) *narrar todos os fatos com suas circunstâncias* – Lembrem-se que o réu no processo penal se defende dos fatos, logo os mesmos devem ser narrados na petição inicial de forma clara e com todas as suas circunstâncias para que o réu possa exercer, o seu direito constitucional da ampla defesa e do contraditório;

b) *qualificação do acusado ou esclarecimentos pelos quais possa identificá-lo* – quando o réu não possuir toda qualificação completa (dados incompletos) será submetido a uma identificação física, qual seja a identificação datiloscópica (exame das digitais – prevista na Lei nº 12.037/2009), conforme disposto o art. 259 do CPP;

c) *classificação do tipo penal* – o MP, após narrar os fatos, informa qual a definição jurídica que ele atribuí a situação. Cumpre lembrar que, o MP ao oferecer a denúncia não fica vinculado ao tipo penal descrito no relatório do delegado e, tão pouco o juiz ou a defesa ficam vinculados a essa classificação dada pela acusação. **Atenção**: *tal situação não tem prejuízo ao réu, pois esse se defende dos fatos!*

d) *arrolar as testemunhas de acusação* – esse requisito não é obrigatório. Portanto, a acusação *não está obrigada a arrolar testemunhas*. O que é obrigatório é o momento que as testemunhas de acusação devem ser arroladas – que no caso é na denúncia, sob pena de perder o direito de produção de prova testemunhal.

Prazo para a Denúncia

São 5 (cinco) dias réu preso e 15 (quinze) dias réu solto – art. 46, *caput*, do CPP – o referido prazo começa a ser computado a partir do dia que o órgão do MP recebe os autos do inquérito policial.

> *Quando o MP dispensa o I.P.*: neste caso o prazo para oferecer a denúncia será contado a partir da data que o MP tiver recebido a representação ou as peça de informação – art. 46, § 1º, do CPP.

A Denúncia pode ser aditada a qualquer momento antes da Sentença: esse aditamento pode versar sobre: incluir novos crimes ou novos réus, correção de dados ou informações.

DICA DIRETO E RETO

Qual o Recurso cabível da decisão que rejeita denúncia?

– O recurso é o RESE – Recurso Em Sentido Estrito – art. 581, I, do CPP.

– No procedimento sumaríssimo (JECRIM) da decisão do juiz que não recebe a denúncia ou a queixa-crime caberá o recurso de *Apelação* – no prazo de 10 (dez) dias – Lei nº 9.099/1995, art. 82.

Ação Penal Pública Incondicionada

Na ação penal incondicionada o *MP* não depende de nenhuma condição legal para oferecer a sua petição inicial chamada *Denúncia*, ou seja, só precisa ter *Indícios de Autoria* e *Materialidade Delitiva*

15 – Ação Penal

Ação Penal Pública Condicionada

Nessa ação penal o *titular MP* depende de uma condição para oferecer a sua petição inicial, chamada *Denúncia*, ou seja, precisa ter *Indícios de Autoria*, *Materialidade Delitiva* e a *Condição* exigida pela Lei Penal. Conforme art. 24 do CPP:

> Nos crimes de ação pública, esta será promovida por denúncia do Ministério Público, mas dependerá, quando a lei o exigir, de requisição do Ministro da Justiça, ou de representação do ofendido ou de quem tiver qualidade para representá-lo.

Portanto, existem situações que o Código Penal determina que o MP deve se sujeitar a condições para poder oferecer a sua denúncia. São as chamadas condições específicas, tais como a representação do ofendido e a requisição do Ministro da Justiça.

Representação do Ofendido

Quando o Código Penal, parte especial, disser que o crime somente se procede mediante representação, significa que a lei penal exige uma autorização da vítima para que o MP possa oferecer a sua denúncia. Portanto, a representação do ofendido é uma autorização que a vítima fornece para que o MP tenha legitimidade par oferecer a sua denúncia, se trata de uma condição de procedibilidade.

a) *Cabe Retratação da Representação do Ofendido* – Conforme preconiza o art. 25 do CPP interpretado a contrário senso, cabe retratação da representação do ofendido até o oferecimento da denúncia.

b) *Representação* pode ser *Escrita* ou *Oral*, feita ao juiz, ou ao MP, ou ao delegado (autoridade policial), pode ser exercida pessoalmente ou por procuração com poderes especiais (Poderes Especiais = nome do réu e dizer qual é o fato criminoso).

Art. 39, § 2º, do CPP – a representação conterá todas as informações que possam servir para à apuração do fato e da autoria.

Se a representação do ofendido apresentar elementos que permitam o MP oferecer a promover a ação penal, deverá oferecer a denúncia no prazo máximo de 15 dias, bem como dispensará a realização do I.P.

Requisição do Ministro da Justiça

Alguns crimes exigem que o Ministro da Justiça pratique um ato político chamado requisição, para que o MP possa oferecer a sua denúncia.

a) *Prazo para requisição do Ministro da Justiça* – tendo em vista que o CPP foi omisso sobre esse assunto, boa parte da doutrina considera que o prazo para o Ministro oferecer a sua requisição será até o crime prescrever.
b) *Retratação da Requisição do Ministro da Justiça* – não cabe retratação da requisição, uma vez que o CPP nada mencionou.

Da Ação Penal Privada

Princípios da Ação Penal Privada

a) *Princípio da intrascedência* – por este princípio, a ação penal não poderá passar da pessoa do réu, ou seja, da pessoa que foi atribuída à prática delituosa e, tão pouco a sua pena aplicada.
b) *Princípio da oportunidade ou discricionariedade* – o titular da ação penal privada – ofendido – oferece a sua queixa-crime

15 – Ação Penal

(possuindo indícios e materialidade) se quiser. Portanto, é facultada a propositura da ação penal por parte do querelante (ofendido).

c) *Princípio da disponibilidade* – uma vez iniciada ação penal, o querelante se quiser poderá desistir do prosseguimento da ação penal. Ou ainda, poderá desistir da propositura da ação penal.

d) *Indivisibilidade* – ou o querelante entra com a queixa-crime contra *todos* os *réus* ou não entra contra ninguém. – art. 48 do CPP.

Ação Penal Privada

É a ação penal onde o titular ofendido (querelante) que tem a faculdade de oferecer a sua petição inicial chamada *Queixa-Crime*, desde que tenha *Indícios de Autoria* e *Materialidade Delitiva*.

O réu nesta ação é denominado querelado e a vítima querelante. Pontos importantes da ação penal privada:

a) advogado precisa de procuração com poderes especiais para poder oferecer a queixa-crime – os poderes especiais são o nome do querelado e o fato criminoso;

b) o MP pode aditar a queixa-crime no prazo de 3 dias, após o oferecimento da queixa-crime, o juiz abrirá vistas ao MP para decidir se adita ou não queixa – crime – terá um prazo de 3 (três) dias – art. 46, § 2º, do CPP;

c) durante a ação penal, se o MP julgar necessário mais esclarecimentos e documentos complementares ou novos elementos de convicção deverá requistá-los, diretamente, de quaisquer autoridades ou funcionários que devem ou possam fornecê--los – art. 47 do CPP;

d) prazo da queixa-crime – 6 meses, decadenciais, a partir do dia que vier a saber quem é o autor do crime – art. 38 do CPP e art.103 do CP;

e) requisitos da queixa-crime – são os mesmos para o oferecimento na denúncia, ou seja, são os previstos no art. 41 do CPP;

f) menores de 18 anos, mentalmente enfermo ou retardado mental – receberá um curador especial, nomeado pelo juiz de ofício ou a requerimento do MP, se ofendido não possuir representante legal ou colidirem os interesses deste.

Tipos de Ação Penal Privada

a) *Ação Penal Privada Exclusiva* → o *Titular* pode ser o ofendido (querelante – vítima) ou seu representante legal ou na ausência ou falecimento da vítima → *Poderá* o cônjuge, ascendente, descendente, irmão → oferecer petição inicial da ação penal privada → chamada *Queixa-crime*.

b) *Ação Penal Privada Personalíssima* → o *Titular somente* pode ser o ofendido (querelante – vítima), logo se a vítima vier a falecer → ninguém mais poderá → oferecer petição inicial da ação penal privada → chamada *Queixa-crime*. Hoje somente o crime do art. 236 do CP é ação penal privada personalíssima.

c) *Ação Penal Privada Subsidiária da Pública* – prevista no art. 5º, LIX, da CF. É quando o MP perde o prazo para oferecer a denúncia, nos crimes de natureza pública, nasce o direito constitucional do ofendido, de iniciar uma ação pública, por intermédio de uma queixa-crime subsidiária. Mas, apesar da ação ter se iniciado por uma queixa-crime (pelo particular), ela continua sendo uma ação de natureza pública.

15 – Ação Penal

O art. 29 do CPP determina que nesse tipo de ação, o MP poderá aditar a queixa-crime, repudiar a queixa-crime e oferecer uma denúncia substituta, intervir em todos os termos do processo, fornecer elementos de prova, interpor recurso e no caso de negligência do querelante, poderá retomar ação de volta, voltando a ser o titular.

Dos Institutos da Ação Penal Privada

São causas extintivas da punibilidade – art. 107, IV e V do CP:

a) *decadência* – o ofendido perde o direito de propor a ação penal privada, tendo em vista que não a intentou dentro do prazo legal – 6 (seis) meses a partir do conhecimento da autoria – art. 103 do CP;

b) *renúncia* – ato unilateral (só depende da vontade do querelante), que deve ocorrer antes da ação penal – o fendido abre mão de oferecer a sua queixa-crime. Ela pode ser tácita ou expressa segundo o art. 104 do CP;

c) *perdão* – é um ato bilateral, ou seja, Perdão = vontade do querelante de *Perdoar* + vontade do querelado de *Aceitar* o perdão. Deve ocorrer durante a ação penal até o trânsito em julgado. Pode ser tácito ou expresso. O prazo para o querelado dizer se aceita ou não o perdão são 3 (três) dias. Mas, se o réu ficar silente neste prazo considera aceite tácito do perdão;

d) *perempção* – causas estão previstas no art. 60 do CPP → o ofendido perde o direito de continuar na ação penal privada, por negligência do querelante. A Perempção – é um *Instituto* que só se aplica na *Ação Penal exclusivamente Privada*.

O Juiz rejeitará a denúncia ou queixa quando (art. 395 do CPP):

a) for manifestamente inepta (falta dos requisitos do art. 41 do CP);

b) faltar pressupostos processuais (requisitos necessários para a validade e existência da ação penal, como por exemplo, a inexistência de juiz suspeito) ou condição para o exercício da ação penal;

c) faltar justa causa para o exercício da ação penal (falta de uma das condições da ação penal, gera a falta de justa causa, como por exemplo, falta de interesse de agir).

RESUMO DO CAPÍTULO

Ação Penal

Princípios Gerais da Ação Penal – Pública ou Privada

– princípio da presunção de inocência – art. 5º, LVII, da CF;

– princípio do contraditório – art. 5º, LV, da CF;

– princípio da publicidade – art 5 º, XXXIII e LX, da CF;

– princípio do devido processo legal – art. 5º, LIV, da CF;

– princípio da intranscendência;

– princípio da verdade real;

– princípio da ampla defesa.

Tipos de Ação Penal

a) *Pública* a ação penal pública se subdivide em:

1) incondicionada;

2) condicionada.

b) *Privada* a ação penal privada se subdivide em:

1) ação penal privada exclusiva;

2) ação penal privada personalíssima;

3) ação penal privada subsidiária da pública.

15 – Ação Penal

Condições da Ação Penal

São condições para o exercício da ação penal:

a) legitimidade para agir;

b) possibilidade jurídica do pedido;

c) interesse de agir;

d) justa causa.

DICA DIRETO E RETO

Quando faltar qualquer uma das condições da ação penal o juiz deverá rejeitar a exordial (denúncia ou queixa-crime) nos termos do art. 395, II do CPP. Tal dispositivo, não menciona as condições da ação com mesma nomenclatura. Tais condições da ação penal são chamadas de genéricas por alguns doutrinadores.

RESUMO DO CAPÍTULO

Da Ação Penal Pública

Ação Penal Pública é uma ação penal onde o *Titular* é o *MP* que vai oferecer a sua petição inicial → chamada *Denúncia*.

O MP, segundo disposto no CPP em seu art. 257, incisos I e II, tem a função de promover a ação penal pública de forma privativa, bem como fiscalizar a execução da lei.

A Denúncia

– Requisitos previstos no art. 41 do CPP, a saber: *Prazo para a Denúncia* – são 5 (cinco) dias réu preso e 15 (quinze) dias réu solto – art. 46, *caput*, do CPP.

Quando o MP dispensa o I.P. → neste caso o prazo para oferecer a denúncia será contado a partir da data que o MP tiver recebido a representação ou as peça de informação – art. 46, § 1º, do CPP.

– A *denúncia* pode ser aditada a qualquer momento antes da sentença.

– Da *decisão que rejeita denúncia* cabe o recurso em sentido estrito – art. 581, I, do CPP.

– No procedimento sumaríssimo (JECRIM) da decisão que não recebe a denúncia ou a queixa-crime caberá o recurso de *Apelação*.

Ação Penal Pública Incondicionada → IN = Não + Condicionada = ação penal → *titular MP* → que não depende de uma condição para oferecer a sua petição inicial → chamada *Denúncia* → só precisa ter *Indícios de Autoria* + *Materialidade Delitiva*

Ação Penal Pública Condicionada

– Nessa ação penal o *titular MP* depende de uma condição para oferecer a sua petição inicial, chamada *DENÚNCIA*, ou seja, precisa ter *Indícios de Autoria*, *Materialidade Delitiva* e a *Condição* exigida pela lei penal – art. 24 do CPP que podem ser:

a) *Representação do Ofendido*

1) Cabe retratação da representação do ofendido – até o oferecimento da denúncia- do art. 25 do CPP.

2) Prazo da representação do ofendido – 6 meses, decadenciais, a partir do dia que vier a saber quem é o autor do crime – art. 38 do CPP.

3) Representação pode ser Escrita ou Oral – feita ao juiz, ou ao MP, ou ao delegado (autoridade policial)

b) *Requisição do Ministro da Justiça* – alguns crimes exigem que o Ministro da Justiça pratique um ato político chamado requisição, para que o MP possa oferecer a sua denúncia.

Prazo para Requisição do Ministro da Justiça

– Até o crime prescrever.

Retratação da Requisição do Ministro da Justiça

– Não cabe retratação da requisição, uma vez que o CPP nada mencionou.

Da Ação Penal Privada

Princípios da Ação Penal Privada

a) princípio da intranscedência;

b) princípio da oportunidade ou discricionariedade;

c) princípio da disponibilidade;

d) indivisibilidade.

Ação Penal Privada= ação penal → titular ofendido (querelante) → que PODE oferecer a sua petição inicial → chamada *Queixa-crime* → só precisa ter *Indícios de Autoria* + *Materialidade Delitiva*

Réu = Querelado

– Pontos importantes da ação penal privada:

a) *prazo da queixa-crime* – 6 (seis) meses, decadenciais, a partir do dia que vier a saber quem é o autor do crime – art. 38 do CPP e art.103 do CP;

b) *requisitos da queixa-crime* – são os mesmos para o oferecimento na denúncia, ou seja, são os previstos no art. 41 do CPP.

Tipos de Ação Penal Privada

a) Ação Penal Privada Exclusiva

b) Ação Penal Privada Personalíssima

c) Ação Penal Privada Subsidiária da Pública

Dos Institutos da Ação Penal Privada

– São causas extintivas da punibilidade – art. 107, IV e V do CP:

a) decadência;

b) renúncia;

c) perdão.

O Juiz rejeitará a denúncia ou queixa nos termos do art. 395 do CPP.

16 – Parte Especial

É muito importante analisar os crimes que caem na prova, pois a OAB sempre faz enunciados contando pequenos casos e questionando qual infração ocorreu.

Dos Crimes contra a Vida – arts. 121 ao 128 do CP

Crime – Homicídio

Homicídio simples

> Art. 121. Matar alguém:
> Pena – reclusão, de seis a vinte anos.

a) *Bem Jurídico Tutelado (Protegido)* – O bem jurídico protegido no caso deste crime é a vida humana extrauterina.
b) *Cabe Medidas Despenalizadoras* – O crime de homicídio, diante da pena, não cabe nenhuma medida despenalizadora da Lei nº 9.099/1995 e nem o acordo de não persecução penal previsto no art. 28A do CPP.
c) *Sujeito Ativo e Passivo*

   1) Sujeito Ativo (Agente/Autor do Crime – quem pratica o delito): o presente crime é classificado como crime comum qualquer pessoa, isolada ou associada a outra pode praticar o crime de calúnia.

   2) Sujeito Passivo (Vítima/Ofendido): qualquer pessoa pode ser vítima do crime de calúnia.

d) *Conduta Punível (Tipo Objetivo)* – A conduta que é punível neste tipo penal é matar alguma pessoa, ou seja, eliminar a vida humana extrauterina.

e) *Elemento Subjetivo* – O elemento subjetivo do crime de homicídio simples (art. 121, *caput* do CP) é o dolo, ou seja, a vontade consciente de matar uma pessoa, ou seja, o *animus necandi*.

   1) dolo direto (agente quer o resultado);
   2) dolo eventual (agente assume o risco de produzi-lo).

f) *Consumação e Tentativa no Crime* – A consumação se dá com a morte da vítima. Admite coautoria e participação. Admite-se a tentativa, porém deve provar que o sujeito ativo tenha iniciado a execução + que não se consumou por circunstâncias alheias a sua vontade + existência de prova inequívoca que o agente tinha o *ANIMUS NECANDI*. Ex.: a vítima consegue se esquivar das facadas que o agente dá.

Temos: *homicídio doloso* – art. 121, *caput*, §§ 1º e 2º e *doloso majorado* – §§ 4º, segunda parte, e 6º, do CP.

> Homicídio culposo – art. 121, §§ 3º e culposo majorado – § º4º primeira parte.16.1.2.HOMICÍDIO PRIVILEGIADO art. 121, § 1º, do CP
>
> § 1º Se o agente comete o crime impelido por motivo de relevante valor social ou moral, ou sob o domínio de violenta emoção, logo em seguida a injusta provocação da vítima, o juiz pode reduzir a pena de um sexto a um terço.

Pontos relevantes sobre o *homicídio privilegiado*:

a) É uma causa de diminuição de pena – de 1/6 (um sexto) até 1/3 (um terço);
b) São situações que o homicídio é cometido por motivos nobres.

💡 DICA DIRETO E RETO

– *Relevante* (importante de acordo *opinião* comum).

– *Relevante valor moral* – o sujeito ativo mata por razões pessoais (sentimentos de piedade, misericórdia, compaixão). Ex.: pai que mata o estuprador de sua filha. Ex.: 2: eutanásia – mata a pedido da vítima ou com o consentimento dela para acabar com seu sofrimento – homicídio piedoso.

– *Relevante valor social* – o sujeito ativo mata por questões nobres relacionados a interesses coletivos. – homicídio emocional. Ex.: matar uma mulher que traiu a pátria.

– *Sob o domínio de violenta emoção, logo em seguida a injusta provocação da vítima* – homicídio emocional.

– Para aplicar o privilégio nesta situação são necessários a conjugação de quatro os requisitos:

a) domínio de violenta emoção – intensa, sem controle próprio;

b) a violenta emoção de deve dominar o sujeito ativo;

c) deve haver uma injusta provocação da vítima;

d) reação do sujeito ativo deve ser imediata, logo após a provocação. Ex.: João logo que sabe que sua filha foi vítima de agressão, sai na perseguição do agressor e dispara vários tiros de sua arma.

– O juiz de primeira instância ao proferir a sua decisão condenatória, deve aplicar a diminuição do art. 121, § 1º, do CP, uma vez reconhecido o privilégio – posicionamento majoritário da doutrina e jurisprudência.

Homicídio Qualificado

Art. 121, § 2º

§ 2º Se o homicídio é cometido:

I – mediante paga ou promessa de recompensa, ou por outro motivo torpe;

II – por motivo fútil;

III – com emprego de veneno, fogo, explosivo, asfixia, tortura ou outro meio insidioso ou cruel, ou de que possa resultar perigo comum;

IV – à traição, de emboscada, ou mediante dissimulação ou outro recurso que dificulte ou torne impossível a defesa do ofendido;

V – para assegurar a execução, a ocultação, a impunidade ou vantagem de outro crime:

Pena – reclusão, de doze a trinta anos.

VI – contra a mulher por razões da condição de sexo feminino

VII – contra autoridade ou agente descrito nos arts. 142 e 144 da Constituição Federal, integrantes do sistema prisional e da Força Nacional de Segurança Pública, no exercício da função ou em decorrência dela, ou contra seu cônjuge, companheiro ou parente consanguíneo até terceiro grau, em razão dessa condição:

Pena – reclusão, de doze a trinta anos.

Pontos relevantes acerca do homicídio qualificado referente ao inciso I ao III:

a) *Torpe* – algo que causa vergonha, imoral, por questão repugnante. Ex.: João mata Maria com o fim de receber uma herança milionária;

b) *Mediante Paga ou Promessa de Recompensa* (outros tipos de motivos torpes) – também conhecido como homicídio mercenário, o sujeito mata em razão de um pagamento que 3º fez ou promessa de pagar quando o homicídio consumar;

c) *Fútil* – trivial, insignificante. Ex.: Pedro Roberto é um torcedor do time Batatinha e matou seu colega Paulo só porque torcia para o time de futebol Cebolinha, ou seja, matou porque é rival no futebol. *O inciso III do art. 121, § 2º, do CP apresenta vários instrumentos de execução do homicídio;*

d) *Veneno (venicídio)* – "substância tóxica, seja ela sólida, líquida ou gasosa, que possa produzir qualquer tipo de enfermidade, lesão, ou alterar as funções do organismo ao entrar em contato com um ser vivo, por reação química com as moléculas do organismo"[1];

e) *Tortura* – a sujeito ativo causa intenso sofrimento físico ou psíquico antes de matá-la;

Fogo – Ex.: matar uma pessoa no chamado "microondas";

Possa Resultar Perigo Comum – Ex.: destruir o automóvel de alguém ateando fogo em material altamente inflamável, expondo em perigo bens de terceiros;

Explosivo – substância capaz de gerar explosão;

Asfixia – suprimir a respiração;

f) *Meios Insidiosos* – meios disfarçados. Ex.: armadilha;

Meios Cruéis – causadores de sofrimento impiedoso;

Meios que podem causar Perigo Comum – produz risco ao um número indeterminado de pessoas. Ex.: epidemia.

---

1 CUNHA, Rogério Sanches. *Manual de Direito Penal:* parte geral (arts. 1º ao 120), 8.ed. rev., ampl. e atual.- Salvador: JusPODIVM, 2020.

> O Inciso IV do art. 121, § 2º, do CP apresenta modos de execução do homicídio:
>
> – *Traição* (homicídio proditório – traiçoeiro) – agressão sorrateira. Ex. violento ataque de machado pelas costas;
>
> – *Emboscada* (tocaia – homicídio *ex incidiis*) – a ofendido não percebe o ataque do sujeito ativo, que está escondido;
>
> – *Dissimulação* (oculta a própria intenção) – Ex. a pessoa se vale de um disfarce para dissimular a sua própria intenção de matar.

Feminicídio

É uma qualificadora do crime de homicídio:

> Art. 121, § 2º, inciso VI do CP
>
> § 2º Se o homicídio é cometido:
>
> *VI – contra a mulher por razões da condição de sexo feminino*
>
> *Art. 121, § 2º-A – Considera-se que há razões de condição de sexo feminino quando o crime envolve:*
>
> I – violência doméstica e familiar;
>
> II – menosprezo ou discriminação à condição de mulher.
>
> *Art. 121, § 7º A pena do feminicídio é aumentada de 1/3 (um terço) até a metade se o crime for praticado:*
>
> I – durante a gestação ou nos 3 (três) meses posteriores ao parto;
>
> II – contra pessoa menor de 14 (catorze) anos, maior de 60 (sessenta) anos, com deficiência ou portadora de doenças degenerativas que acarretem condição limitante ou de vulnerabilidade física ou mental; (grifos nossos)

Importante entender o que o legislador pretendia proteger ao criar o art. 121, § 2º-A, do CP, no que tange violência doméstica e familiar e discriminação à mulher, senão vejamos:

Decorrente de violência doméstica ou familiar – o sujeito ativo mata a mulher por questão atinente *a dominação de gênero*. O art. 5º, inciso I da Lei nº 11.340/2006 – traz o conceito de âmbito doméstico:

> I – no âmbito da unidade doméstica, compreendida como o espaço de convívio permanente de pessoas, com ou sem vínculo familiar, inclusive as esporadicamente agregadas;

Ex.: o Patrão mata a moça que trabalha como empregada doméstica, cometeu um feminicídio. Já o art. 5º, II, da Lei nº 11.340/2006 – apresenta o conceito de âmbito da família:

> II – no âmbito da família, compreendida como a comunidade formada por indivíduos que são ou se consideram aparentados, unidos por laços naturais, por afinidade ou por vontade expressa;

Discriminação à mulher – o sujeito ativo mata, pois tem preconceito ao gênero feminino, ou seja, acha que a vítima é inferior por ser mulher.

Um ponto importante é que não precisa coabitar para existir violência de acordo com posicionamento pacífico da jurisprudência e da Súmula nº 600 do STJ:

> Para configuração da violência doméstica e familiar prevista no art. 5º da Lei nº 11.340/2006, lei Maria da Penha, *não se exige a coabitação entre autor e vítima*. (grifos nossos)

Causas de Aumento Feminicídio – art. 121, § 7º, do CP

> A pena do feminicídio é aumentada de 1/3 (um terço) até a metade se o crime for praticado:
> I – durante a gestação ou nos 3 (três) meses posteriores ao parto;
> II – contra pessoa menor de 14 (catorze) anos, maior de 60 (sessenta) anos, com deficiência ou portadora de doenças degenerativas que acarretem condição limitante ou de vulnerabilidade física ou mental;
> III – na presença física ou virtual de descendente ou de ascendente da vítima;
> IV – em descumprimento das medidas protetivas de urgência previstas nos *incisos I, II e III do caput do art. 22 da Lei nº 11.340, de 7 de agosto de 2006.*
> *Para o juiz aplicar a CAUSA DE AUMENTO em sua sentença, deve ficar comprovado que o réu* conhecia as situações previstas nos incisos acima.

Homicídio Culposo

> Art. 121, § 3º, do CP
> Se o homicídio é culposo:
> *Pena* – detenção, de um a três anos.

a) *Cabe Medida Despenalizadora da Lei nº 9.099/1995* – O homicídio culposo tem uma pena mínima de 1 ano, logo cabe a medida despenalizadora de suspensão condicional do processo – art. 89 da Lei nº 9.099/1995.
b) *Sujeito Ativo e Passivo*:

   1) Sujeito Ativo – este crime é classificado como comum, logo qualquer pessoa pode ser o autor da referida infração.

2) Sujeito Passivo – vítima qualquer pessoa.

c) *Tipo de Ação Penal* – A natureza da ação penal é pública incondicionada.

Perdão Judicial previsto no art. 121, § 5º, do CP – situação que extingue a punibilidade – Estado renuncia o direito de punir:

> § 5º Na hipótese de homicídio culposo, o juiz poderá deixar de aplicar a pena, se as consequências da infração atingirem o próprio agente de forma tão grave que a sanção penal se torne desnecessária.

Induzimento, instigação ou auxílio a suicídio ou a automutilação

> Art. 122. Induzir ou instigar alguém a suicidar-se ou a praticar automutilação ou prestar-lhe auxílio material para que o faça:
> Pena – reclusão, de 6 (seis) meses a 2 (dois) anos.

Conceito

O suicídio é quando uma pessoa de forma voluntária elimina a sua própria vida

a) *Bem Jurídico Tutelado (Protegido)* – No crime previsto no art. 122 o bem jurídico protegido é a vida humana e a integridade física do indivíduo.

b) *Cabe Medidas Despenalizadoras* – O crime de *induzimento, instigação ou auxílio a suicídio ou a automutilação*, diante da sua pena e características, admite o benefício da suspensão condicional do processo previsto no art. 89 da Lei nº 9.099/1995 e, também a transação penal do art. 76 da Lei nº 9.099/1995.

1) *Transação penal para a concessão* é necessário observar o disposto no art. 76 da Lei nº 9.099/95 que diz:

> Art. 76. Havendo representação ou tratando-se de crime de ação penal pública incondicionada, não sendo caso de arquivamento, o Ministério Público poderá propor a aplicação imediata de pena restritiva de direitos ou multas, a ser especificada na proposta.
> § 1º Nas hipóteses de ser a pena de multa a única aplicável, o Juiz poderá reduzi-la até a metade.
> § 2º Não se admitirá a proposta se ficar comprovado:
> I – ter sido o autor da infração condenado, pela prática de crime, à pena privativa de liberdade, por sentença definitiva;
> II – ter sido o agente beneficiado anteriormente, no prazo de cinco anos, pela aplicação de pena restritiva ou multa, nos termos deste artigo;
> III – não indicarem os antecedentes, a conduta social e a personalidade do agente, bem como os motivos e as circunstâncias, ser necessária e suficiente a adoção da medida.

2) *Suspensão condicional do processo* para ser concedido pelo MP deve ser cumprido o previsto no art. 89 da Lei nº 9.099/1995, que diz:

> Art. 89. Nos crimes em que a pena mínima cominada for igual ou inferior a um ano, abrangidas ou não por esta Lei, o Ministério Público, ao oferecer a denúncia, poderá propor a suspensão do processo, por dois a quatro anos, desde que o acusado não esteja sendo processado ou não tenha sido conde-

nado por outro crime, presentes os demais requisitos que autorizariam a suspensão condicional da pena (art. 77 do CP).

c) *Sujeito Ativo e Passivo*

   1) Sujeito Ativo (Agente/Autor Do Crime) – este crime é classificado como comum, logo qualquer pessoa pode ser o autor da referida infração.
   2) Sujeito Passivo (Vítima/Ofendido) – qualquer indivíduo que possua capacidade de entender as consequências do ato do suicídio pode ser vítima do referido crime.

d) *Conduta Punível (Tipo Objetivo)* – Quando o sujeito ativo induzir, instigar ou auxiliar alguém a cometer o suicídio.

   1) Induzimento – o sujeito ativo implanta a ideia na cabeça da vítima, ou seja, o ofendido não pensava em eliminar a própria vida;
   2) Instigação – incentiva uma ideia já existente, logo o ofendido;
   3) Auxílio – sujeito ativo fornece instrumentos para a vítima.

e) *Consumação e Tentativa no Crime*

   1) Consumação – a consumação ocorre com o ato de induzimento, instigação e auxilio ao suicídio.
   2) Tentativa – é possível quando alguém é impedido por um terceiro enquanto tenta fornecer auxílio material ao suicida, quando uma carta é interceptada.

> Art. 122 [...]
> § 1º Se da automutilação ou da tentativa de suicídio resulta lesão corporal de natureza grave ou

gravíssima, nos termos dos §§ 1º e 2º do art. 129 deste Código:

Pena – reclusão, de 1 (um) a 3 (três) anos

§ 2º Se o suicídio se consuma ou se da automutilação resulta morte:

Pena – reclusão, de 2 (dois) a 6 (seis) ano

§ 3º A pena é duplicada:

I – se o crime é praticado por motivo egoístico, torpe ou fútil

II – se a vítima é menor ou tem diminuída, por qualquer causa, a capacidade de resistência.

Automutilação (cutting) – agressão, proposital, realizada no próprio corpo, repudiada pela sociedade e cultura do povo. O agente tem intenção suicida.

Cabe Medida Despenalizadora – No § 1º a pena mínima é de 1 (um) ano, logo cabe a medida despenalizadora da:

a) *Suspensão condicional do processo* – art. 89 da Lei nº 9.099/1995.

DICA DIRETO E RETO

Significados importantes para entender a Conduta Delitiva

Egoístico – cunho pessoal. Ex.: o sujeito comete o crime para casar com a viúva.

Fútil – banal, insignificante. Ex.: comete o crime porque é rival no futebol, porque deu uma fechada no trânsito.

Torpe – vergonhoso, imoral, desprezível. Ex.: comete o crime para receber a herança.

Infanticídio

> Art. 123. Matar, sob a influência do estado puerperal, o próprio filho, durante o parto ou logo após:
> Pena – detenção, de dois a seis anos

Primeiramente, cumpre esclarecer o significado de puerpério, segundo Guilherme de Souza Nucci[2]:

> É o estado que envolve a parturiente durante a expulsão da criança do ventre materno. Há profunda alterações psíquicas e físicas, que chegam a transtornar a mãe, deixando-a sem plenas condições de entender o que está fazendo. O puerpério é o período que se estende do início do parto até a volta da mulher às condições pré-gravidez.

Precisa analisar o grau de desequilíbrio físiopsíquico originário do parto, pois pode a gestante ser considerada portadora de doença ou perturbação da saúde mental – art. 26, *caput* ou par. ún., do CP. (retirada total ou parcial da capacidade de entendimento ou de autodeterminação (ato de decidir por si mesma)

a) *Bem Jurídico Tutelado (Protegido)* – O bem jurídico protegido pela norma é a vida humana;
b) *Cabem as Medidas Despenalizadoras* – O crime de infanticídio diante da pena, não cabe nenhuma medida despenalizadora da Lei nº 9.099/1995 e nem o acordo de não persecução penal previsto no art. 28-A do CPP.

---

2 NUCCI, Guilherme de Souza. *Código Penal Comentado*. 9. ed. rev. atual e ampl. São Paulo: Editora Revista dos Tribunais, 2008.

c) *Sujeito Ativo e Passivo*

   1) *Sujeito Ativo* – Por ser classificado como crime próprio – só pode ser praticado pela mãe em estado puerperal. A maioria da doutrina reconhece a possibilidade de concurso de agentes (coautoria e participação) – art. 30 do CP. Há doutrina divergente – considera o estado puerperal como condição personalíssima, logo quem colabora com a morte da nascente pratica homicídio.
   2) *Sujeito Passivo* – É o ser humano, durante ou logo após o parto (nascente ou recém-nascido).

> ### *DICA DIRETO E RETO*
> *O erro quanto a pessoa previsto no art. 20, § 3º, do CP.*
> Neste caso a mãe sob a influência de estado puerperal, logo após o parto, pensando ser seu filho, acaba, por engano, matando filho alheio, comete o delito de infanticídio (putativo).

d) *Conduta – Tipo Objetivo* – Causar mãe a *morte* do pp filho, *durante ou logo após o parto* (elemento temporal), sob a influência do estado puerperal (etiológico – agente causador de uma doença). A MORTE – pode ser por ação (morte por asfixia) ou omissão (não amamentar).
e) Elemento Subjetivo – O elemento subjetivo do crime é a vontade consciente de praticar as conduta típica prevista art. 123 do CP, ou seja, o dolo direto ou eventual.
f) *Circunstância de Tempo (durante o parto ou logo após)* – é elemento normativo:

   1) *antes do parto* – aborto;

2) *se não verificar o logo após* – será homicídio;
3) *o conceito logo após* – a doutrina predominante entende ser o intervalo de tempo que compreende todo o período do estado puerperal – circunstância a ser apurada pelos peritos médicos.

Crime de Aborto

O nome adequado da ação é abortamento, porém a lei chama de aborto que significa (produto).

Conceito

Quando uma gravidez é interrompida com a destruição do produto da concepção ocorreu o aborto. Existe diferença doutrinária quanto o termo inicial para prática do aborto:

– para a *Biologia*, o termo inicial é o começo da gravidez – com a fecundação;
– o meio *Jurídico* acredita que se dá com implantação do óvulo no endométrio, ou seja, com fixação no útero materno (nidação).

a) Bem Jurídico Protegido – O bem jurídico protegido por este tipo penal é a vida intrauterina, fruto da gravidez normal. Para a caracterização do crime a gravidez pode ser natural ou artificial (assim como ocorre na inseminação ou fertilização).
b) Tipos de Aborto segundo a Doutrina

 1) *acidental* – decorrente de quedas, traumatismos, acidentes em geral;
 2) *natural* – a gravidez é interrompida de forma espontânea;
 3) *criminoso* – arts. 124 ao 127 do CP;

4) *fetal* – praticado após 15ª (décima quinta) semana de gestação;
5) *embrionário* – praticado até a 15ª (décima quinta) semana de gestação;
6) *ovular* – praticado até a 8ª (oitava) semana de gestação;
7) honoris Causa – interromper gravidez ocorrida fora do casamento (crime);
8) *eugênico* ou *eugenésico* – anencefálicos – praticado com há provas que o feto nasça com graves anomalias psíquicas ou físicas (exculpante não acolhida pela nossa lei);
9) *legal* ou *permitido* – art. 128 do CP;
10) *miserável* ou *econômico social* – praticado em razão de miséria (crime).

Tipos de Aborto segundo o Código Penal

Aborto provocado pela Gestante ou com seu consentimento

> Art. 124. Provocar aborto em si mesma ou consentir que outrem lho provoque:
> Pena – detenção, de um a três anos.

Neste caso existem duas formas de aborto – *autoborto* e o *autorizado pela gestante*

a) *Cabem Medidas Despenalizadoras* – Como a pena mínima é de 1 ano – cabe a suspensão condicional do processo – observados os demais requisitos do art. 89 da Lei nº 9.099/1995.
b) *Sujeito Ativo e Passivo*.

Sujeito Ativo – existe divergência doutrinária. Uma corrente defendida por Bittencourt – para esta corrente o crime de aborto do art. 124 do CP é de mão própria, ou seja, só a gestante pode realizar. Esta parte da doutrina afirma que a participação de terceiro é uma atividade acessória (induzir, instigar auxiliar). Por fim, se o terceiro praticar atos executórios incorre no art. 126 do CP. Defendemos esta corrente. Outra parte da doutrina – Rogério Sanches – crime próprio (exige qualidade especifica – estado gravídico), logo admite coautoria (marido e esposa realizando manobras abortivas).

Sujeito Passivo – A doutrina se diverge quanto ao sujeito passivo deste crime:

1) uma parte fala que é só Estado, pois o feto não titular de direitos;
2) a corrente majoritária – É *o Produto da Concepção* – Óvulo, Embrião e *Feto*. Se houver mais de um feto (mulher grávida de trigêmeo, por exemplo) – responde pelo crime em concurso formal – art. 70 do CP.

c) *Elemento Subjetivo* – Dolo direto e eventual. Ex.: de dolo eventual – mulher sabe que está gravida e tenta suicidar-se e resulta em aborto. Não se pune a modalidade culposa.

d) *Consumação e Tentativa* – Crime material – consuma-se com a morte do feto ou da destruição do produto da concepção – (pode ser dentro ou fora do ventre materno desde que decorrente de manobras abortivas.

Ação Penal e Competência

Ação penal pública incondicionada e a competência para julgamento é do tribunal do júri.

Aborto provocado por Terceiro

> Art. 125. Provocar aborto, sem o consentimento da gestante:
> Pena – reclusão, de três a dez anos.

Pontos Importantes sobre o Aborto do art. 125 do CP

Como é cediço é a forma mais grave do crime de aborto, pois ocorre sem o consentimento da vítima – dissenso.

a) *Sujeito Ativo e Passivo* do Crime

   1) Sujeito Ativo – este crime é classificado como comum, logo qualquer pessoa pode ser o autor da referida infração. Admite-se concurso de agentes;

   2) Sujeito Passivo – a vítima é a gestante e o produto da concepção (óvulo, embrião ou feto).

b) *Cabem Medidas Despenalizadoras* – O crime de aborto provocado por terceiro, diante da sua pena e características, não admite qualquer medida despenalizadora da Lei nº 9.099/1995, porém cabe o acordo de não persecução penal previsto no art. 28-A do CPP.

c) *Conduta – Tipo Objetivo* – Consiste em interromper de forma violenta e intencionalmente, uma gravidez, acabando com o produto da concepção. Ex.: o agente que dá uma violenta pontapé no ventre de uma mulher sabidamente grávida.

d) *Elemento Subjetivo* – O elemento subjetivo do crime é a vontade consciente de interromper a gravidez sem o dissenso da gestante, é o dolo.

e) *Consumação e Tentativa* – A consumação ocorre com a privação do nascimento, a destruição do produto da concepção.

Admite-se tentativa – caso o aborto não ocorra por circunstâncias alheias a vontade do agente.

Aborto com consentimento da Gestante

> Art. 126. Provocar aborto com o consentimento da gestante:
>
> *Pena* – reclusão, de um a quatro anos.
>
> Parágrafo único. Aplica-se a pena do artigo anterior, se a gestante não é maior de quatorze anos, ou é alienada ou rovo mental, ou se o consentimento é obtido mediante fraude, grave ameaça ou violência.

a) *Cabem Medidas Despenalizadoras* – O crime de aborto com consentimento da gestante, diante da sua pena e características, admite o benefício da suspensão condicional do processo previsto no art. 89 da Lei nº 9.099/1995 e, também o acordo de não persecução penal previsto no art. 28 A do CPP.

b) *Sujeito Ativo e Passivo*

   1) Sujeito Ativo – por ser um crime comum qualquer pessoa pode praticar a conduta prevista neste tipo penal. Cumpre destacar que cabe concurso de pessoas – coautoria e participação;

   2) Sujeito Passivo – a vítima deste crime é feto.

c) *Conduta – Tipo Objetivo* – Ação ou omissão – com consentimento da gestante para interromper gravidez destruição do produto da concepção. Se a gestante durante a operação (mas antes da interrupção da gravidez), ela desiste praticar o crime, o terceiro que insiste com aborto responde pelo art. 125 do CP (sem consentimento) e a gestante pelo (art. 124

do CP). Obs.: não cabe o art. 15 do CP, pois o arrependimento é ineficaz.

d) *Elemento Subjetivo* – O elemento subjetivo do crime é, o dolo.

e) *Consumação e Tentativa* – O crime se consuma com a interrupção da gravidez (crime material). A tentativa neste crime é possível, pois se trata de delito plurissubsistente. *Parágrafo único do art. 126 do CP – Dissenso Presumido* Não leva em consideração – gestante menor de 14 anos, alienada ou débil mental, ou seu consentimento foi obtido mediante fraude, grave ameaça ou violência. Ex.: de fraude – pai e médico mancomunados, falsificam exame médico para gestante acreditar que está correndo risco de vida, com isso obtém a assinatura dela para realizar o aborto. Descoberta a farsa eles respondem pela pena do art. 125 do CP.

f) *Causa de Aumento*

> Art. 127. As penas cominadas nos dois artigos anteriores são aumentadas de um terço, se, em consequência do aborto ou dos meios empregados para rovoca-lo, a gestante sofre lesão corporal de natureza grave; e são duplicadas, se, por qualquer dessas causas, lhe sobrevém a morte.

DICA DIRETO E RETO

As Majorantes só se aplicam: aos crimes dos arts.125 e 126 ambos do CP e não ao crime do art. 124 do CP, pois o Código Penal não pune autolesão e nem o ato de matar-se.

Aborto Necessário e Aborto no caso de Gravidez resultante de Estupro

> Art. 128. Não se pune o aborto praticado por médico:
> Aborto necessário
> I – Se não há outro meio de salvar a vida da gestante;
> Aborto no caso de gravidez resultante de estupro
> II – Se a gravidez resulta de estupro e o aborto é precedido de consentimento da gestante ou, quando incapaz, de seu representante legal.

Pontos Importantes Sobre o art. 128 do CP:

– Inciso I – *Prevê o Aborto Necessário (Terapêutico)*
– Inciso II – *Prevê o Aborto Sentimental (ou humanitário ou ético)*

O inciso I deve ser praticado por médico habilitado – precisa preencher 3 requisitos:

a) *aborto praticado por médico* – não precisa ser especialista na área da ginecologia-obstetrícia;
b) *perigo de vida da gestante* – não basta perigo a saúde;
c) *impossibilidade de uso de outro meio para salvá-la* – não pode o médico escolher o meio mais cômodo. Não precisa do consentimento da gestante e autorização judicial, apenas que o médico ache indispensável.

DICA DIRETO E RETO

Caso seja necessária a realização do aborto por profissional que não seja médico (parteira, farmacêutico, etc.), apesar do fato ser típico estará o sujeito ativo acobertado pela excludente de ilicitude do estado de necessidade – art. 24 do CP.

a) *Aborto Sentimental* – evitar a gestante uma maternidade que lhe seja odiosa. A exclusão do crime depende de 3 requisitos, quais sejam:

   1) *O aborto deve ser praticado por médico* – se realizado por alguém que não tenha habilitação a pessoa responderá pelo crime – não cabe alegar qualquer causa legal de justificação, coo o estado de necessidade.
   2) *A gravidez deve ser resultante de estupro* – cabe de estupro de vulnerável – art. 217-A do CP desde que haja consentimento da vítima ou de seu representante legal.
   3) *Prévio consentimento da vítima ou de seu representante legal* – de preferência este consentimento deve ser mais formal possível, de preferência acompanhado de B.O. inclusive com testemunhas.

b) *Aborto de Feto Anencefálico* – É uma malformação congênita, não possui uma parte do sistema central, ou seja, ausência dos hemisférios cerebrais e tem uma parcela do tronco encefálico.

Antes do Julgamento da ADPF 54

Aqueles que seguem a doutrina cristã tal comportamento é egoístico, fere o princípio da fé. Outra parte são os chamados liberais – admitem o abortamento – se apoiam principalmente no princípio da dignidade da pessoa humana. A doutrina afirma que 50% dos fetos anencefálicos morrem no período intrauterino.

O Julgamento da ADPF 54 e suas consequências

O acórdão que julgou a ADPF 54, determina:

> O Conselho Federal de Medicina publicou as diretrizes para interrupção da gravidez em caso de anencefálico:

Exames de ultrassonografia devem ser feitos a partir 12ª semana de gravidez.

Laudo deverá ser assinado por dois médicos.

A gestante será avisada do resultado que poderá optar pelo aborto ou manter a gravidez ou ainda a opinião de uma junta médica ou de outro profissional se gostaria de ouvir. O aborto poderá ser realizado no hospital público ou privado.

Crime de Lesão Corporal

LESÃO CORPORAL – LEVE

Art. 129. Ofender a integridade corporal ou a saúde de outrem:

Pena – detenção, de três meses a um ano.

a) *Bem Juridico Tutelado (Protegido)* – É incolumidade pessoal do indivíduo, protegendo-o na sua saúde mental, corporal e fisiológica. Exemplo – se o agente à custa de ameaças, produz no vítima choque nervoso, convulsões ou outras alterações psíquicas, pratica lesão corporal, por ofender sua saúde mental.

b) *Cabe Medida Despenalizadora* – O crime de lesão corporal, diante da sua pena e características, admite o benefício da suspensão condicional do processo previsto no art. 89 da Lei nº 9.099/1995 e, a transação penal – art. 76 da Lei nº 9.099/1995.

As lesões corporais previstas no art. 129, §§ 9º, 10, 11, do CP – são infrações penais praticados no âmbito da violência doméstica ou familiar, não cabe nenhum benefício se a vítima for mulher – não se aplica qualquer benefício da Lei nº 9.099/1995.

> **DICA DIRETO E RETO**
>
> – *Ofensa à integridade física* – É qualquer alteração anatômica prejudicial ao corpo humano. Exemplo: fraturas, cortes, escoriações, luxações, queimaduras, etc.
>
> – *Equimose* constitui lesão. Trata-se de rouxidão decorrente do rompimento de pequenos vasos sanguíneos sob a pele ou sob as mucosas.
>
> – *Hematomas* também são considerados lesões. É uma espécie de equimose com inchaço e, portanto, mais grave.
>
> – *Eritemas* não constituem lesão corporal, já que se trata de mera vermelhidão passageira da pele. A simples dor não constitui lesão.

A lesão corporal pode ser dolosa ou culposa segundo o Código Penal:

1) dolosa simples – art. 129, *caput*, do CP;
2) dolosa qualificada – art. 129, §§ 1º, 2º e 3º, do CP;
3) dolosa privilegiada – art. 129, §§ 4º e 5º, do CP;
4) culposa – art. 129, § 6º, do CP.

A lesão corporal pode ser: leve, grave, gravíssima ou seguida de morte:

1) leve – art. 129, *caput*, do CP;
2) grave – art. 129, § 1º, do CP;
3) gravíssima – art. 129, § 2º, do CP;
4) seguida de morte – art. 129, § 3º, do CP.

c) *Sujeito Ativo e Passivo* – Sujeito ativo – este crime é classificado como comum, logo qualquer pessoa pode ser o autor da referida infração Sujeito passivo – a vítima é o ser humano vivo. *Observação*: – art. 129, § 1º, inciso IV e § 2º, inciso V – *a vítima deve ser mulher grávida*.

d) *Conduta – Tipo Objetivo* – Ação ou Omissão – ofender a integridade corporal ou saúde de uma pessoa (direta ou indiretamente) – causando uma enfermidade. Segundo a doutrina se o sujeito ativo corta o cabelo de alguém, pode caracterizar lesão corporal, desde que altere de forma substancial o aspecto exterior do indivíduo (alteração desfavorável), de acordo com os padrões médios. *Observação*: cortar o cabelo sem autorização do ofendido pode constituir:

   1) crime de lesão corporal; ou
   2) injúria real (caso haja intenção de envergonhar a vítima). Precisa analisar o dolo do sujeito ativo.

e) *Elemento Subjetivo*

   1) Dolo – lesão corporal prevista no art. 129, *caput* e §§ 1º e 2º, do CP.
   2) Culpa – lesão corporal do art. 129, § 6º, do CP.
   3) Preterdolo – lesão corporal do art. 129, §§ 1º, 2º e 3º, do CP.

Se a vítima sofre várias agressões, exemplo o sujeito ativo dá várias facadas no ofendido no mesmo contexto fático, o autor responderá apenas por um delito de lesão corporal. Exemplo: João desfere duas ou três marretadas em Pedro, ou atira uma pedra e depois lhe dá uma cacetada, responderá por um só crime de lesão corporal. Perceba que neste exemplo o contexto fático é o mesmo.

f) *Ação Penal em relação à Lesão Corporal – Lesão Corporal Leve, Culposa* – segundo art. 88 da Lei nº 9.099/1995 é pública condicionada a representação. Mas, lesão corporal leve, culposa ou qualquer outra quando envolver a lei da Maria da Penha (violência contra mulher no âmbito doméstico ou familiar) e a vítima for mulher a ação penal será pública incondicionada segundo determinou ADI nº 4.424/DF.[3]

g) *Princípio da Insignificância e o Crime de Lesão Corporal Leve* – A doutrina se divide quando o assunto é a possibilidade de aplicar o princípio da insignificância no delito de lesão corporal leve. Uma parte da doutrina afirma que sim, em caso de lesões que surgiram de um beliscão, de uma pequena arranhadura, a dor de cabeça passageira.

Lesão Corporal de Natureza Grave

> § 1º Se resulta:
>
> I – Incapacidade para as ocupações habituais, por mais de trinta dias;
>
> II – perigo de vida;
>
> III – debilidade permanente de membro, sentido ou função;
>
> IV – aceleração de parto;
>
> *Pena* – reclusão, de um a cinco anos.

---

[3] ACÓRDÃO - Vistos, relatados e discutidos estes autos, acordam os Ministros do Supremo Tribunal Federal em julgar procedente a ação direta para, dando interpretação conforme aos arts. 12, inciso I, e 16, ambos da Lei nº 11.340/2006, assentar a natureza incondicionada da ação penal em caso de crime de lesão corporal, pouco importando a extensão desta, praticado contra a mulher no ambiente doméstico, nos termos do voto do relator e por maioria, em sessão presidida pelo Ministro Cezar Peluso, na conformidade da ata do julgamento e das respectivas notas taquigráficas. Brasília, 9 de fevereiro de 2012. Ministro Marco Aurélio – Rel.

a) *Algumas considerações sobre Lesão Corporal Grave*

O inciso I – Incapacidade para as ocupações habituais, por mais de trinta dias

A Incapacidade mencionada neste inciso pode ser física ou mental. Segundo a doutrina, ocupação habitual é aquela que é legal, corporal tradicional, não precisa ser ligada ao trabalho ou ocupação lucrativa. Para saber se ocorreu uma lesão grave deverá ser realizado um laudo complementar – art. 168, § 2º, do CPP.

O inciso II – Perigo a vida

A perícia deve comprovar que houve uma chance séria, concreta e imediata de êxito para morte.

O inciso III – Debilidade permanente de membro, sentido ou função

"*Membros* são as partes do corpo que se prendem ao tronco: braço, antebraço e mão (superiores) e coxa, perna e pé (inferiores)."[4]

"*Sentidos*: o corpo humano é composto de cinco sentidos: a visão, o olfato, o paladar, a audição e o tato. Eles fazem parte do sistema sensorial, responsável por enviar as informações obtidas para o sistema nervoso central que, por sua vez, analisa e processa a informação recebida.[5]

"*Função* é a atuação própria de um órgão, ou seja, função respiratória, circulatória digestiva, secretora, locomotora, reprodutora e sensitiva."[6]

---

4   CUNHA, Rogério Sanches. *Manual de Direito Penal:* parte geral (arts. 1º ao 120), 8.ed.rev.,ampl. e atual.- Salvador: JusPODIVM, 2020
5   Idem.
6   Idem.

Neste inciso *debilidade* significa – fraqueza, ou seja, diminuição de capacidade cuja recuperação deve ser incerta e por tempo indeterminado, não, porém *perpétua*.

O inciso IV – aceleração de parto

Neste caso a lesão corporal expulsa o feto antes do tempo adequado, ou seja, ocorre uma antecipação do parto. O bebê deve nascer vivo e continuar a viver, pois caso contrário, ocorreria a hipótese do inciso V, § 2º (lesões gravíssimas). Outro ponto importante, é imprescindível que o autor do crime saiba que a mulher está grávida.

Lesão Corporal de Natureza Gravíssima

§ 2º Se resulta:

I – Incapacidade permanente para o trabalho;

II – enfermidade incurável;

III perda ou inutilização do membro, sentido ou função;

IV – deformidade permanente;

V – aborto;

Pena – reclusão, de dois a oito anos.

a) *Pontos relevantes sobre a Lesão Corporal Gravíssima*

O inciso I trata de trabalho – *Permanente* (não mais temporário), ou seja, que dura no tempo e sem previsão de término desta incapacidade.

A jurisprudência, quase de forma majoritária, entende que tal *incapacidade para o trabalho possa ser genérica,* ou seja, para qualquer tipo sem ressalvas.

O inciso II trata de enfermidade incurável, ou seja, que não possui cura segundo a medicina atual. É importante destacar que se a cura for possível mediante uma cirurgia, mesmo assim ocorre a hipótese do inciso II do artigo supracitado, tendo em vista que a pessoa que sofreu a lesão corporal não é obrigada a sujeitar-se a uma cirurgia.

A transmissão proposital de AIDS caracteriza a lesão gravíssima segundo uma parte da doutrina, porém existe uma corrente doutrinária que defende que com ou sem a efetiva transmissão, o crime seria o de tentativa de homicídio, já que a doença tem a morte com consequência natural.

O inciso III trata da perda ou inutilização do membro, sentido ou função. Através da mutilação ou da amputação é que pode ocorrer a perda do membro *perda*. No momento da ação criminosa é que ocorre a *mutilação* (esta mutilação pode ocorrer por intermédio uma machadada, utilizando uma serra elétrica, alguém corta o braço ou a mão de alguém.

Para salvar a vida de uma pessoa é que se realiza a *amputação*, ou para evitar consequências mais funestas, nocivas ou graves: o corte cirúrgico de um braço gangrenado pela faca que o ofendido recebeu.

A inutilização é quando o membro continua ligado ao corpo, mas perde a sua atividade própria ou função, como, por exemplo, quando o sujeito passivo do crime passa a ter paralisia total de um braço ou perna em decorrência da lesão corporal sofrida.

Segundo a doutrina temos:

1) perda de parte do movimento do braço ou perda de um dedo = lesão corporal grave (debilidade);

2) perda de todo movimento do braço, do braço todo ou de uma mão = lesão corporal gravíssima (inutilização). Cortar o pênis = lesão gravíssima diante da perda da função reprodutora (trata-se de deformidade permanente);
3) lesão que cause cegueira em um só olho ou surdez em um só ouvido = (lesão grave), pois se trata de sentido que se opera através de dois órgãos;
4) lesão que cause cegueira nos dois olhos ou surdez nos dois ouvidos = lesão gravíssima, pois o ofendido fica efetivamente surdo ou cego.

Pode ocorrer simultaneamente duas qualificadoras em uma única situação fática, ou seja, uma qualificadora de natureza grave e outra gravíssima. Nesta situação, o autor responderá apenas por um crime de lesão corporal, devendo o juiz utilizar para estabelecer a pena base do crime a lesão mais grave e considerar a demais consequências na dosimetria da pena.

Lesão Corporal Seguida de Morte

> § 3º Se resulta morte e as circunstâncias evidenciam que o agente não quis o resultado, nem assumiu o risco de produzi-lo:
> Pena – reclusão, de quatro a doze anos.

A lesão corporal deste parágrafo é preterdoloso, pois o autor apenas quer lesionar o ofendido (vítima) e acaba provocando sua morte de forma não intencional, ou seja, culposa.

Lesão Corporal – Privilegiada

> § 4º Se o agente comete o crime impelido por motivo de relevante valor social ou moral ou sob o domínio de violenta emoção, logo em seguida a

injusta provocação da vítima, o juiz pode reduzir a pena de um sexto a um terço.

CASOS DE SUBSTITUIÇÃO DE PENA

§ 5º O juiz, não sendo graves as lesões, pode ainda substituir a pena de detenção pela de multa, de duzentos mil réis a dois contos de réis:

I – se ocorre qualquer das hipóteses do parágrafo anterior;

II – se as lesões são recíprocas.

Lesão Corporal Culposa

§ 6º Se a lesão é culposa:

Pena – detenção, de dois meses a um ano.

CAUSA DE AUMENTO

§ 7º Aumenta-se a pena de 1/3 (um terço) se ocorrer qualquer das hipóteses dos §§ 4º e 6º do art. 121 deste Código.

§ 8º Aplica-se à lesão culposa o disposto no § 5º do art. 121.

CASO DE VIOLÊNCIA DOMÉSTICA

§ 9º Se a lesão for praticada contra ascendente, descendente, irmão, cônjuge ou companheiro, ou com quem conviva ou tenha convivido, ou, ainda, prevalecendo-se o agente das relações domésticas, de coabitação ou de hospitalidade:

Pena – detenção, de 3 (três) meses a 3 (três) anos.

CAUSAS DE AUMENTO DE PENA

§ 10. Nos casos previstos nos §§ 1º a 3º deste artigo, se as circunstâncias são as indicadas no § 9º deste artigo, aumenta-se a pena em 1/3 (um terço).

§ 11. Na hipótese do § 9º deste artigo, a pena será aumentada de um terço se o crime for cometido contra pessoa portadora de deficiência.

§ 12. Se a lesão for praticada contra autoridade ou agente descrito nos a*rts. 142* e *144* da Constituição Federal, integrantes do sistema prisional e da Força Nacional de Segurança Pública, no exercício da função ou em decorrência dela, ou *contra seu cônjuge, companheiro ou parente consanguíneo até terceiro grau,* em razão dessa condição, a pena é aumentada de um a dois terços. (grifos nossos)

Observação: este parágrafo é considerado crime hediondo segundo o art. 1º, inciso I da Lei nº 8.072/1990.

a) *Pontos Relevantes acerca do Inciso II do § 5º do art. 129 do CP:*

   1ª situação de lesão recíproca – Os dois se ferem e um agiu em legítima defesa – absolve um e condena o outro com privilégio;

   2ª situação de lesão recíproca – Os dois se ferem e alegam ambos legítima defesa não sabendo quem começou agressão – entendimento da doutrina ambos devem ser absolvidos;

   3ª situação de lesão recíproca – Ambos são culpados e nenhum agiu em legítima defesa – ambos devem ser condenados com o privilegio.

Perdão Juidical do art. 129, § 8º, do CP

Situação que extingue a punibilidade – Estado renuncia o direito de punir – art. 107, V, do CP.

> Cabe a defesa demonstrar que as consequências da morte atingiram de forma tão grave o sujeito ativo que a sanção penal se mostra desnecessária.

Súmula nº 18 do STJ – "A sentença concessiva do perdão judicial é declaratória da extinção da punibilidade, não subsistindo qualquer efeito condenatório."

Dos Crimes contra Honra

Arts. 138 ao 145 do CP – calúnia, difamação e injúria.

Crime – Calúnia – art. 138 do CP

a) *Bem Jurídico Tutelado (Protegido)* – O bem jurídico protegido por este tipo penal é a honra *Objetiva* – é aquela relacionada a reputação da pessoa no meio social, ou seja, o que a sociedade pensa daquele indivíduo.

> Art. 138. Caluniar alguém, imputando-lhe falsamente fato definido como crime:
> Pena – detenção, de seis meses a dois anos, e multa.
> § 1º Na mesma pena incorre quem, sabendo falsa a imputação, a propala ou divulga.
> § 2º É punível a calúnia contra os mortos.

Conceito – segundo a doutrina caluniar é imputar falsamente a pessoa fato (história) definido como crime.

b) *Cabem Medidas Despenalizadoras* – O crime de calúnia, diante da sua pena e características, admite transação penal do art. 76 da Lei nº 9.099/1995 e suspensão condicional do processo – art. 89 da Lei nº 9.099/1995.

c) *Sujeito Ativo e Passivo*

1) *Sujeito Ativo (Agente/Autor do Crime)*: este crime é classificado como comum, logo qualquer pessoa pode ser o autor da referida infração, (exceto pessoas que possuem imunidades materiais (senadores, deputados, vereadores – estes nos limites do município em que exerçam a vereança).

> Art. 53 da CF. Os Deputados e Senadores são invioláveis, civil e penalmente, por quaisquer de suas opiniões, palavras e votos.
>
> Os Vereadores gozam de inviolabilidade por suas opiniões, palavras e votos no exercício do mandato e na circunscrição do Município" (art. 29, VIII da CF).

2) *Sujeito Passivo (Vítima/Ofendido):* a vítima pode ser qualquer pessoa.

DICA DIRETO E RETO

– *Pessoa Jurídica pode ser Sujeito Ativo ou Passivo do Crime de Calúnia* – Segundo parte da doutrina e jurisprudência entende *que empresas só podem* ser sujeito ativo ou passivo do crime de calúnia quando imputarem falsamente a prática de crime ambiental.

– *Advogado pode ser Sujeito Ativo* – Segundo o art. 7º, § 2º do EOAB não estão imunes ao delito de calúnia.

Obs.: inviolabilidade é apenas em relação a difamação e injúria – desde que cometidas no exercício regular de suas atividades.

– *Mortos – art. 138, § 2º, do CP*

É possível punir o crime de calúnia contra o morto, contudo o sujeito passivo (vítima) *são os parentes* que são interessados na preservação da sua memória, pois. a honra não é um atributo dos mortos e sim dos vivos.

d) *Conduta Punível (Tipo Objetivo)* – Imputar a uma pessoa fato criminoso, sabidamente falso – de forma implícita ou explícita.

Formas de Caluniar Alguém – palavras, gestos ou escritos. A falsa imputação de contravenção não é crime de calúnia, e sim de difamação.

e) *As diversas maneiras de cometer o Crime de Calúnia:*

- Situação A – o sujeito ativo imputa um fato criminoso que nunca ocorreu, ou seja, a falsidade é sobre o fato. Ex.: João fala que Pedro roubou o Banco Bradesco usando explosivos, mas na verdade este crime nunca ocorreu;
- Situação B – Nesta forma de praticar o crime de calúnia o agente imputa um fato que realmente ocorreu, porém indica uma pessoa que não é autora do delito, logo a falsidade incide sobre a autoria do fato).

Caso a OAB informe no enunciado que a vítima consentiu com a calúnia, nesta hipótese exclui o crime, pois segundo jurisprudência e doutrina pacífica a *Honra é um Bem Jurídico Disponível.*

f) *Elemento Subjetivo* – O elemento subjetivo é o dolo de dano, a vontade de macular a honra da vítima, bem como *animus* de ofender. Não existe o crime de calúnia culposa. Importante lembrar que, caso o *animus* do autor do crime for brincar ou aconselhar ou defender um direito, o crime de calúnia não estará caracterizado, ou seja, a conduta será atípica.

g) *Consumação e Tentativa* – Segundo doutrina pacífica, ocorre a consumação do crime de calúnia quando terceiro toma conhecimento da imputação. Só é possível a tentativa quando o delito é praticado por escrito.

Exceção da Verdade – art. 138, § 3º, do CP

O réu tem a chance de provar, por intermédio de exceção da verdade, que a imputação que fez em relação a vítima é verdadeira, logo sua conduta é atípica.

Mas, o art. 138, § 3º, do CP traz situações que o acusado não pode opor a exceção da verdade:

> § 3º Admite-se a prova da verdade, salvo:
> I – se, constituindo o fato imputado crime de ação privada, o ofendido não foi condenado por sentença irrecorrível;
> II – se o fato é imputado a qualquer das pessoas indicadas no nº I do art. 141;
> III – se do crime imputado, embora de ação pública, o ofendido foi absolvido por sentença irrecorrível.

Cabe exceção da notoriedade no crime de calúnia. A exceção de notoriedade é a chance de o acusado provar que suas imputações são de conhecimento de toda a sociedade (público), portanto impossível neste caso violar a honra objetiva.

Crime de Difamação – art. 139 do CP

> Art. 139. Difamar alguém, imputando-lhe fato ofensivo à sua reputação:
> Pena – detenção, de três meses a um ano, e multa.
> *Exceção da verdade*
> Parágrafo único. A exceção da verdade somente se admite se o ofendido é funcionário público e a ofensa é relativa ao exercício de suas funções.

a) *Bem Jurídico Tutelado (Protegido)* – a mesma da calúnia, ou seja, honra OBJETIVA – aquela relacionada a reputação da pessoa no meio social, o que a sociedade pensa daquela pessoa. *Conceito*: Difamar é imputar a alguém fato não considerado crime, contudo ofende a sua reputação – o fato pode ser verdadeiro ou falso.
b) *Cabem Medidas Despenalizadoras da Lei nº 9.099/1995* – O crime de difamação, diante da sua pena e características, admite transação penal do art. 76 da Lei nº 9.099/1995 e suspenção condicional do processo – art. 89 da Lei nº 9.099/1995.
c) *Sujeito Ativo e Passivo*

   1) Sujeito Ativo (Agente/Autor do Crime): este crime é classificado como comum, logo qualquer pessoa pode ser o autor da referida infração, exceto pessoas que possuem imunidades materiais (senadores, deputados, vereadores – estes nos limites do município em que exerçam a vereança).
   2) Sujeito Passivo (Vítima/Ofendido): qualquer pessoa, menos os mortos.

   A pessoa jurídica pode ser sujeito passivo do crime de difamação de acordo com a jurisprudência e a doutrina.

d) *Conduta Punível (Tipo Objetivo)* – Atribuir fato determinado, não criminoso, porém ofensivo à pessoa a quem atribuiu. *Formas de Difamar Alguém* – palavras, escritos.
e) *Elemento Subjetivo* – O elemento subjetivo é o dolo, o *Animus Diffamandi*. Não existe o crime de difamação culposa.
f) *Consumação e Tentativa* – A doutrina afirma que a consumação do crime de difamação ocorre quando terceiro toma conhecimento da imputação, podendo ser apenas uma pessoa. Só é possível a tentativa quando o delito é praticado por

escrito, como por exemplo uma carta difamatória que veio a ser desviada de seu destino.

Exceção da Verdade – art. 139, par. ún., do CP

O sujeito ativo só poderá opor a exceção da verdade se for funcionário público (art. 327 do CP) e a ofensa for atinente ao exercício das suas funções.

Exceção da Notoriedade

Assim como no delito de calúnia, cabe exceção da notoriedade no crime de difamação.

Da Injúria – art. 140 do CP

> Art. 140. Injuriar alguém, ofendendo-lhe a dignidade ou o decoro:
> Pena – detenção, de um a seis meses, ou multa.

> **DICA DIRETO E RETO**
>
> Importante entender os elementos que formam o tipo penal, senão vejamos:
>
> *Dignidade* – valor moral.
>
> Ex.: chamar alguém de bandido, estelionatário, desonesto.
>
> *Decoro* – consciência de nossa respeitabilidade pessoal. Ex. "idiota", "imbecil" "burro".

a) *Bem Jurídico Tutelado (Protegido)* – O bem jurídico protegido é a honra subjetiva da pessoa – autoconceito – moral, intelectual, atributos físicos. *Conceito* – É *atribuir qualidades negativas ou defeitos* à uma certa pessoa.

b) *Cabem Medidas Despenalizadoras da Lei nº 9.099/1995* – O crime de injúria, diante da sua pena e características, admite transação penal do art. 76 da Lei nº 9.099/1995 e suspenção condicional do processo – art. 89 da Lei nº 9.099/1995.
c) *Sujeito Ativo e Passivo*

   1) Sujeito Ativo (Agente/Autor do Crime): este crime é classificado como comum, logo qualquer pessoa pode ser o autor da referida infração.

   2) Sujeito Passivo (Vítima/Ofendido): qualquer pessoa certa, ou seja, alguém individualizado. Morto e pessoa jurídica não podem ser vítimas do crime de injúria.

d) *Elemento Subjetivo* – O elemento subjetivo é o dolo, o *Animus Injuriandi*. Não existe o crime de injúria culposa.
e) *Consumação e Tentativa* – A injúria consuma quando a qualidade negativa ou defeito imputado, chega ao conhecimento da vítima. Só é possível a tentativa quando o delito é praticado por escrito, de acordo com parte da doutrina.

Hipóteses de Perdão Judicial – art. 140, § 1º, incisos I e II do CP

> § 1º O juiz pode deixar de aplicar a pena:
>
> I – quando o ofendido, de forma reprovável, provocou diretamente a injúria;
>
> II – no caso de retorsão imediata, que consista em outra injúria.

Algumas considerações acerca do inciso II e §§ 2º e 3º:
- *forma reprovável* – censurável, odiosa, inaceitável;
- *retorsão* – resposta – revide imediato no "mesmo tom";
- *injúria real* – art. 140, § 2º, do CP:

> § 2º Se a injúria consiste em violência ou vias de fato, que, por sua natureza ou pelo meio empregado, se considerem aviltantes:
>
> *Pena* – detenção, de três meses a um ano, e multa, *além da pena correspondente à violência.*

- *Violência* – Ex.: um tapa no rosto, ofendeu a honra da pessoa.
- *Vias de Fato* – Ex.: jogar fezes na pessoa, dar um empurrão.

Injúria Racial – art. 140, § 3º, do CP

> § 3º Se a injúria consiste na utilização de elementos referentes a raça, cor, etnia, religião, origem ou a condição de pessoa idosa ou portadora de deficiência: [...]
>
> *Pena* – reclusão de *um a três anos e multa.*

Raça – Ex.: "olho rasgado"

Cor – refere-se a cor da pele. Ex.: "neguinho", "amarelo"

Etnia – grupo ou população que partilhe a mesma cultura

Religião – fé religiosa

Origem – procedência da pessoa – Ex.: "favelado"

Condição de pessoa idosa – Ex.: "velho mentecapto"

Portadora de deficiência – "aleijado"

Ex.: Um exemplo de injúria racial ocorreu quando os torcedores do time do Grêmio, de Porto Alegre, insultaram um goleiro de raça negra chamando-o de *macaco* durante o jogo.

Injúria racial se difere do *Crime de Racismo* (Lei nº 7.716/1989) – ocorre este delito quando a ofensa é em relação a uma coletividade indeterminada, logo é diferente da injuria racial.

> Ex.: recusar ou impedir acesso a estabelecimento comercial, impedir o acesso às entradas sociais em edifícios públicos ou residenciais e elevadores ou às escadas de acesso, negar ou obstar emprego em empresa privada, entre outros.

a) *Retratação* – deve ocorrer antes da sentença para isentar o acusado de pena – art. 143, *caput* e parágrafo único do CP. A retratação é uma causa de extinção de punibilidade se ocorrer até a decisão de primeira instância.

b) *Causas de Aumento da Pena*

> Art. 141. As penas cominadas neste Capítulo aumentam-se de um terço, se qualquer dos crimes é cometido:
>
> I – contra o Presidente da República, ou contra chefe de governo estrangeiro;
>
> II – contra funcionário público, em razão de suas funções, ou contra os Presidentes do Senado Federal, da Câmara dos Deputados ou do Supremo Tribunal Federal;
>
> III – na presença de várias pessoas, ou por meio que facilite a divulgação da calúnia, da difamação ou da injúria.
>
> IV – contra pessoa maior de 60 (sessenta) anos ou portadora de deficiência, exceto no caso de injúria.
>
> § 1º Se o crime é cometido mediante paga ou promessa de recompensa, aplica-se a pena em dobro.
>
> § 2º Se o crime é cometido ou divulgado em quaisquer modalidades das redes sociais da rede mundial de computadores, aplica-se em triplo a pena.

c) *Ação Penal nos Crimes Contra Honra* – Em regra, são infrações penais que se processam por ação penal privada (titular é a vítima – petição inicial = queixa-crime), *exceto* nos casos:

1) crimes contra funcionário público, em razão de suas funções. (ação penal pública condicionada a representação do ofendido);
2) contra o Presidente da República, ou contra chefe de governo estrangeiro; (ação penal pública condicionada a requisição do Ministro da Justiça);
3) injuria qualificada pelo preconceito – art. 140, § 3º, do CP (ação penal pública incondicionada);
4) injuria real se vítima sofrer lesões corporais – art. 140, § 2º, do CP (ação penal pública incondicionada).

RESUMO DO CAPÍTULO

Dos Crimes Contra a Vida – arts. 121 ao 128 do CP

Crime – Homicídio

– ***Homicídio simples*** – **art. 121 do CP;**

– *Sujeito Ativo* – qualquer pessoa;

– *Sujeito Passivo* – qualquer pessoa.

Elemento Subjetivo – é o dolo, o *animus necandi*.

a) dolo direto (agente quer o resultado);

b) dolo eventual (agente assume o risco de produzi-lo).

Consumação e Tentativa no Crime

a) *Consumação* – com a morte da vítima.

b) *Tentativa* – admite-se a tentativa.

Homicídio Privilegiado – art. 121, § 1º, do CP

– É uma causa de diminuição de pena – de 1/6 (um sexto) até 1/3 (um terço). São situações que o homicídio é cometido por motivos nobres.

Homicídio Qualificado – art. 121, § 2º, do CP

O Inciso III do art. 121, § 2º, do CP

– Apresenta vários instrumentos de execução do homicídio.

O inciso IV do art. 121, § 2º, do CP

– Apresenta modos de execução do homicídio.

Feminicídio

– É uma qualificadora do crime de homicídio art. 121, § 2º, VI; art. 121, § 2º-A, I, II; e art. 121, § 7º-A, todos do CP.

Decorrente de violência doméstica ou familiar – o sujeito ativo mata a mulher por questão atinente a dominação de gênero.

Discriminação à mulher – o sujeito ativo mata, pois tem preconceito ao gênero feminino, ou seja, acha que a vítima é inferior por ser mulher.

– Um ponto importante é que não precisa coabitar para existir.

Homicídio Culposo – art. 121, § 3º, do CP

Cabe Medida Despenalizadora da Lei

– Cabe a medida despenalizadora de suspensão condicional do processo – art. 89 da Lei nº 9.099/1995.

Perdão Judicial– Previsto no art. 121, § 5º, do CP – situação que extingue a punibilidade.

Crime Induzimento, Instigação ou auxílio a Suicídio ou a Automutilação – art. 122 do CP.

Cabem Medidas Despenalizadoras da Lei nº 9.099/1995? – cabem as medidas despenalizadoras de transação penal e suspensão condicional do processo.

Sujeito Ativo: qualquer pessoa.

Sujeito Passivo: qualquer indivíduo que possua capacidade de entender as consequências do ato do suicídio pode ser vítima do referido crime.

Consumação – a consumação ocorre com o ato de induzimento, instigação e auxilio ao suicídio.

Tentativa – é possível.

– art. 122, § 1º – **Automutilação** (*cutting*) – agressão, proposital, realizada no próprio corpo, repudiada pela sociedade e cultura do povo. O agente tem intenção suicida.

Cabe Medida Despenalizadora – No § 1º cabe a medida despenalizadora da suspensão condicional do processo.

Crime de Infanticídio – art. 123 do CP.

Não Cabem Medidas Despenalizadoras

Sujeito Ativo – crime próprio – só pode ser praticado pela mãe em estado puerperal.

Sujeito Passivo – é o ser humano, durante ou logo após o parto (nascente ou recém-nascido).

Elemento Subjetivo – é dolo direto ou eventual

Circunstância de Tempo (durante o parto ou logo após) – *é elemento normativo*:

a) *antes do Parto* – aborto;

b) *se não verificar o logo após* – será homicídio;

c) *o conceito "logo após"* – é o intervalo de tempo que compreende todo o período do estado puerperal – circunstância a ser apurada pelos peritos médicos.

Crime – Aborto
Tipos de Aborto segundo o Código Penal

Aborto provocado pela Gestante ou com seu consentimento – **art. 124 do CP** – neste caso existem duas formas de aborto – autoborto e o autorizado pela gestante.

Cabem Medidas Despenalizadoras – cabe a suspensão condicional do processo.

Sujeito ativo – existe divergência doutrinária. Crime próprio (exige qualidade especifica – estado gravídico), logo admite coautoria (marido e esposa realizando manobras abortivas).

Sujeito passivo – é o produto da concepção – óvulo, embrião e feto. Mais de um feto (mulher grávida de trigêmeos, por exemplo) – responde pelo crime em concurso formal – art. 70 do CP.

Elemento Subjetivo – Dolo direto e eventual.

Consumação – consuma-se com a morte do feto ou da destruição do produto da concepção.

Ação Penal e Competência – Ação penal pública incondicionada e a competência para julgamento é do tribunal do júri.

Crime Aborto do art. 125 do CP

– Forma mais grave do crime de aborto, pois ocorre sem o consentimento da vítima – dissenso.

Sujeito Ativo – qualquer pessoa pode praticar.

Sujeito Passivo – gestante e produto da concepção (óvulo, embrião ou feto).

Elemento Subjetivo – é o dolo.

Consumação – ocorre com a privação do nascimento, a destruição do produto da concepção.

Tentativa – é possível.

Crime de Aborto com consentimento da Gestante – art. 126 do CP

Cabem Medidas Despenalizadoras – cabe a suspensão condicional do processo.

Sujeito Ativo – qualquer pessoa.

Sujeito Passivo – feto.

Elemento Subjetivo – é o dolo.

Consumação – com a interrupção da gravidez (crime material).

Tentativa – é possível.

Parágrafo único – Dissenso Presumido – Não leva em Causa de Aumento.

Causa de Aumento – art. 127 do CP.

As Majorantes só se aplicam – Aos crimes dos arts.125 e 126 ambos do CP e não ao crime do art. 124 do CP, pois o Código Penal não pune autolesão e nem o ato de matar-se.

Aborto Necessário e Aborto no caso de Gravidez resultante de Estupro – art. 128 do CP

Pontos importantes sobre o art. 128 do CP

– Inciso I – *Prevê o Aborto Necessário (Terapêutico)*

– Inciso II – *Prevê o Aborto Sentimental* (ou humanitário ou ético)

– O inciso I deve ser praticado por médico habilitado – precisa preencher 3 requisitos:

1) aborto praticado por médico;

2) perigo de vida da gestante;

3) impossibilidade de uso de outro meio para salvá-la.

– *Não Precisa do Consentimento da Gestante*, nem de autorização judicial, apenas que o médico ache indispensável.

Aborto Sentimental

– Evitar a gestante uma maternidade que lhe seja odiosa. *A exclusão do crime depende de 3 requisitos, quais sejam:*

a) o aborto deve ser praticado por médico;

b) a gravidez deve ser resultante de estupro;

c) prévio consentimento da vítima ou de seu representante legal.

Aborto de Feto Anencefálico

– Pode ser realizado o aborto nesta hipóteses após ADPF 54.

Crime de Lesão Corporal Leve – art. 129 do CP

Cabe Medida Despenalizadora – Cabe medida despenalizadora de transação penal e suspensão condicional do processo. As lesões corporais previstas no art. 129, §§ 9º, 10 e 11, do CP.

– Não cabe nenhum benefício se a vítima for mulher – não se aplica qualquer benefício da Lei nº 9.099/1995.

Ofensa à Integridade Física

– É qualquer alteração anatômica prejudicial ao corpo humano. A lesão corporal pode ser dolosa ou culposa segundo o Código Penal:

1) dolosa simples – art. 129, *caput* do CP;

2) dolosa qualificada – art. 129, §§ 1º, 2º e 3º, do CP;

3) dolosa privilegiada – art. 129, §§ 4º e 5º, do CP;

4) culposa – art. 129, § 6º, do CP.

– A lesão corporal pode ser: leve, grave, gravíssima ou seguida de morte:

1) leve – art. 129, *caput*, do CP;

2) grave – art. 129, § 1º, do CP;

3) gravíssima – art. 129, § 2º, do CP;

4) seguida de morte – art. 129, § 3º, do CP.

Sujeito Ativo – qualquer pessoa.

Sujeito Passivo – ser humano vivo. Obs.: – art. 129, § 1º, IV e § 2º, V – *a vítima deve ser mulher grávida.*

Elemento Subjetivo

Dolo – lesão corporal prevista no art. 129, *caput* e §§ 1º e 2º, do CP.

Culpa – lesão corporal do art. 129, § 6º, do CP.

Preterdolo – lesão corporal do art. 129, §§ 1º, 2º e 3º, do CP.

Ação Penal em relação à Lesão Corporal

Lesão Corporal Leve, Culposa

– Segundo art. 88 da Lei nº 9.099/1995 é pública condicionada a representação. Mas, lesão corporal leve, culposa ou qualquer outra quando envolver a lei da Maria da Penha (violência contra mulher no âmbito doméstico ou familiar) e a vítima for mulher a ação penal será pública incondicionada segundo determinou ADI nº 4.424/DF.

Crime de Lesão Corporal de Natureza Grave – **art. 129, § 1º, do CP.**

Crime de Lesão Corporal de Natureza Gravíssima – **art. 129, § 2º, do CP.**

Crime de Lesão Corporal Seguida de Morte – **art. 129, § 3º, do CP** – A lesão corporal deste parágrafo é preterdoloso, pois o autor apenas quer lesionar o ofendido (vítima) e acaba provocando sua morte de forma não intencional, ou seja, culposa.

Crime de Lesão Corporal – Privilegiada – **art. 129, § 4º, do CP** – Trata-se de uma causa de diminuição de pena.

Casos de Substituição de Pena – **art. 129, § 5º, do CP.**

Crime de Lesão Corporal Culposa – **art. 129, § 6º, do CP.**

Causa de Aumento de 1/3 (um terço) – **hipóteses do art. 129, § 7º, do CP.**

Lesão Corporal em caso de Violência Doméstica – **art. 129, § 9º, do CP** – lesões praticadas contra ascendente, descendente, irmão, cônjuge ou companheiro, ou com quem conviva ou tenha convivido, ou, ainda, prevalecendo-se o agente das relações domésticas, de coabitação ou de hospitalidade.

Crime de Lesão Corporal Considerado Hediondo – segundo o art. 1º, I-A, da Lei nº 8.072/1990 – art. 129, § 12, do CP.

Perdão Juidical do art. 129, § 8º, do CP – Situação que extingue a punibilidade – Estado renuncia o direito de punir – art. 107, V, do CP. Cabe a defesa demonstrar que as consequências da morte atingiram de forma tão grave o sujeito ativo que a sanção penal se mostra desnecessária.

Súmula nº 18 do STJ

– A sentença concessiva do perdão judicial é declaratória da extinção da punibilidade, não subsistindo qualquer efeito condenatório.

Crime de Calúnia – art. 138 do CP

Conceito – É imputar falsamente a pessoa fato (história) definido como crime.

Cabem Medidas Despenalizadoras – Cabe as medidas despenalizadoras de transação penal e suspensão condicional do processo.

Sujeito Ativo – qualquer pessoa.

Sujeito Passivo – qualquer pessoa.

Formas de caluniar alguém – palavras, gestos ou escritos. *A falsa imputação de contravenção não é crime de calúnia*, e sim de difamação.

Elemento Subjetivo – O elemento subjetivo é o dolo de dano.

Consumação – Ocorre quando terceiro toma conhecimento da imputação.

Tentativa – Só é possível a tentativa quando o delito é praticado por escrito.

Exceção da Verdade – art. 138, § 3º, do CP – O réu tem a chance de provar, por intermédio de exceção da verdade, que a imputação que fez em relação a vítima é verdadeira, logo sua conduta é atípica.

Exceção da Notoriedade – é a chance de o acusado provar que suas imputações são de conhecimento de toda a sociedade.

Crime Difamação – art. 139 do CP

Conceito – Difamar é imputar a alguém fato não considerado crime, contudo ofende a sua reputação – o fato pode ser verdadeiro ou falso.

Cabem Medidas Despenalizadoras – Cabe as medidas despenalizadoras de transação penal e suspensão condicional do processo.

Sujeito Ativo – qualquer pessoa.

Sujeito Passivo – qualquer pessoa, menos os mortos.

Formas de Difamar Alguém – palavras, escritos.

Elemento Subjetivo – é o dolo.

Consumação – Ocorre quando terceiro toma conhecimento da imputação, podendo ser apenas uma pessoa.

Tentativa – Só é possível a tentativa quando o delito é praticado por escrito.

Exceção da Verdade – art. 139, par. ún., do CP – cabe.

O sujeito ativo só poderá opor a exceção da verdade se for funcionário público (art. 327 do CP) e a ofensa for atinente ao exercício das suas funções.

Exceção da Notoriedade

– Cabe exceção da notoriedade no crime de difamação.

Do Crime de Injúria – art. 140 do CP

Conceito – É atribuir qualidades negativas ou defeitos à uma pessoa certa.

Cabem Medidas Despenalizadoras – Cabem as medidas despenalizadoras de transação penal e suspensão condicional do processo.

a) *Sujeito Ativo*: qualquer pessoa.

b) *Sujeito Passivo*: qualquer pessoa certa, ou seja, alguém individualizado.

Elemento Subjetivo – É o dolo, o *animus injuriandi*.

Consumação – Quando a qualidade negativa ou defeito imputado, chega ao conhecimento da vítima.

Tentativa – Só é possível a tentativa quando o delito é praticado por escrito.

Hipóteses de Perdão Judicial – art. 140, § 1º, I e II, do CP

– Injúria Racial – art. 140, § 3º, do CP.

Retratação

– Deve ocorrer antes da sentença para isentar o acusado de pena – art. 143, *caput* e parágrafo único do CP. A retratação é uma causa de extinção de punibilidade se ocorrer até a decisão de primeira instância.

Ação Penal nos Crimes contra Honra

– Em regra, são infrações penais que se processam por ação penal privada (titular é a vítima – petição inicial = queixa-crime), *exceto* nos casos:

a) crimes contra funcionário público, em razão de suas funções. (ação penal pública condicionada a representação do ofendido);

b) contra o Presidente da República, ou contra chefe de governo estrangeiro; (ação penal pública condicionada a requisição do Ministro da Justiça);

c) injuria qualificada pelo preconceito – art. 140, § 3º, do CP (ação penal pública incondicionada);

d) injuria real se vítima sofrer lesões corporais – art. 140, § 2º, do CP (ação penal pública incondicionada).

17 – Crimes contra o Patrimônio

Crime de Furto

> Art. 155. Subtrair, para si ou para outrem, coisa alheia móvel:
> Pena – reclusão, de um a quatro anos, e multa.

a) *Bem Jurídico Tutelado (Protegido)* – Existe divergência doutrinária acerca da bem jurídico protegido:

- 1ª corrente – uma das correntes doutrinária entende que o bem jurídico protegido é apenas em propriedade;
- 2ª corrente – já outra entende que são dois os bens jurídicos protegidos; a propriedade e posse.
- 3ª corrente majoritária – defende a ideia de propriedade, posse, detenção de legítimas de coisa móvel.

b) *Cabem Medidas Despenalizadoras* – O crime de furto, diante da sua pena e características, admite o benefício da suspensão condicional do processo previsto no art. 89 da Lei nº 9.099/1995 e, também o acordo de não persecução penal previsto no art. 28-A do CPP.

c) *Sujeito Ativo e Passivo*

1) *Sujeito Ativo* – por ser crime comum pode ser praticado por qualquer pessoa, exceto o dono, detentor, possuidor da coisa.
2) *Sujeito Passivo* – qualquer pessoa física ou jurídica que seja proprietário, detentor ou possuidor da coisa que foi subtraída.

d) Conduta (Tipo Objeto) – É o sujeito ativo apossar-se de coisa alheia móvel (aquilo que tem valor econômico), reduzindo o patrimônio do ofendido. Uma parte da doutrina sustenta a possibilidade de ocorrer o crime de furto, mesmo que o bem móvel for de interesse sentimental ou moral da vítima, pois faz parte do seu patrimônio. Um ser humano vivo não pode ser objeto material do crime de furto (não é coisa). O cadáver também não pode ser objeto do crime de furto, exceto quando pertence a alguém e destinado a um fim. Ex.: cadáver para estudos em faculdade de medicina.

> **DICA DIRETO E RETO**
>
> *Coisa de Ninguém ou Dispensada* – não é alheia, ou seja, de outrem. Logo, não configura o delito de furto se a coisa não possui dono ou foi dispensada.
>
> *Coisa Perdida* – é considerada alheia, logo ocorre o crime de apropriação indébita de coisa achada – art.169, par. ún., do CP.
>
> *Coisa Pública de uso comum do Povo* – não caracteriza o delito de furto de ar, luz, água do mar e dos rios, exceto quando removidas do lugar de origem e tenham valor econômico para alguma pessoa.

e) Elemento Subjetivo – O elemento subjetivo do crime é a vontade consciente de praticar as condutas típicas; *Dolo* a vontade de apossar-se de coisa alheia móvel para si ou para outra pessoa.

> **DICA DIRETO E RETO**
>
> **FURTO FAMÉLICO** – O furto famélico (para aplacar a fome) caracteriza estado de necessidade – excludente de

17 – Crimes contra o Patrimônio

ilicitude de acordo com a recente jurisprudência, mas incidir a excludente de antijuricidade, deve ser comprovado os seguintes requisitos:

a) o fato deve ser praticado para diminuir a fome;

b) deve ser o último recurso utilizado pelo sujeito ativo, ou seja, tentou de outras formas saciar a fome, mas não obteve sucesso;

c) que seja subtraído o necessário para saciar a fome (emergência);

d) os recursos adquiridos pelo sujeito ativo através de seu trabalho ou da impossibilidade de trabalhar, sejam insuficientes.

f) Consumação e Tentativa – Adota-se a teoria do amotio (*apprehensio*) – quando "...a res subtraída passa para o poder do agente, mesmo que por um curto espaço de tempo, não se exigindo que a posse seja mansa e pacífica e nem que o bem saia da esfera de vigilância da vítima". TJDF – 961.053 – 20.130.110.576.539APR, Relator: Roberval Casemiro Belinati. Data de julgamento: 18-8-2016, publicado no *DJE*: 26-8-2016.

g) Ação Penal – Ação penal pública incondicionada, salvo nas hipóteses do art. 182 do CP.

Súmula nº 567 do STJ – Sistema de Vigilância e o Crime de Furto: o verbete da Súmula nº 567 do STJ, afirma a possibilidade de ocorrer o crime de furto mesmo o estabelecimento contendo vigilância:

> Sistema de vigilância realizado por monitoramento eletrônico ou por existência de segurança no interior de estabelecimento comercial, por si só, não torna impossível a configuração do crime de furto". (Súmula nº 567, 3ª Seção, julgado em 24-2-2016, *DJe* 29-2-2016)

CAUSA DE AUMENTO

Art. 155, § 1º, do CP – causa de aumento

§ 1º A pena aumenta-se de um terço, se o crime é praticado durante o repouso noturno.

Repouso Noturno

Considera repouso noturno o tempo que cada cidade ou local, habitualmente, se recolhe para repouso diário, logo não se utiliza o critério noite.

Art. 155, § 2º, do CP – PRIVILÉGIO

§ 2º Se o criminoso é primário, e é de pequeno valor a coisa furtada, o juiz pode substituir a pena de reclusão pela de detenção, diminuí-la de um a dois terços, ou aplicar somente a pena de multa.

Furto Privilegiado

O furto privilegiado é uma causa de diminuição de pena. Para caracterizar o furto privilegiado o réu deve ser primário (não reincidente segundo a doutrina majoritária) e a coisa de pequeno valor (inferior a um salário mínimo segundo posicionamento pacífico da doutrina).

Art. 155, § 3º, do CP

§ 3º Equipara-se à coisa móvel a energia elétrica ou qualquer outra que tenha valor econômico.

O legislador quando criou este parágrafo entendeu que a energia pode ser elétrica ou qualquer outra que tenha valor econômico, por exemplo, energia térmica, mecânica etc. Porém, o tema furto de tv a cabo é controverso. O STF entende que a conduta é atípica, pois o objeto não é "energia". O STJ se posi-

17 – Crimes contra o Patrimônio

ciona de forma contrária, entende que há crime de furto do § 3º, pois tv a cabo é energia radiante, que é a energia associada à radiação eletromagnética.

Furto Qualificado

Art. 155, § 4º, incisos I a IV, §§ 4º-A, 4º-B, 5º, 6º e 7º todos do CP:

> § 4º A pena é de reclusão de dois a oito anos, e multa, se o crime é cometido:
>
> I – com destruição ou rompimento de obstáculo à subtração da coisa;
>
> II – com abuso de confiança, ou mediante fraude, escalada ou destreza;
>
> III – com emprego de chave falsa;
>
> IV – mediante concurso de duas ou mais pessoas.
>
> § 4º-A. A pena é de reclusão de 4 (quatro) a 10 (dez) anos e multa, se houver emprego de explosivo ou de artefato análogo que cause perigo comum.
>
> § 4º-B. A pena é de reclusão, de 4 (quatro) a 8 (oito) anos, e multa, se o furto mediante fraude é cometido por meio de dispositivo eletrônico ou informático, conectado ou não à rede de computadores, com ou sem a violação de mecanismo de segurança ou a utilização de programa malicioso, ou por qualquer outro meio fraudulento análogo.
>
> § 4º-C. A pena prevista no § 4º-B deste artigo, considerada a relevância do resultado gravoso: (Incluído pela Lei nº 14.155, de 2021)
>
> I – aumenta-se de 1/3 (um terço) a 2/3 (dois terços), se o crime é praticado mediante a utilização de servidor mantido fora do território nacional; (Incluído pela Lei nº 14.155, de 2021)

II – aumenta-se de 1/3 (um terço) ao dobro, se o crime é praticado contra idoso ou vulnerável. (Incluído pela Lei nº 14.155, de 2021)

§ 5º A pena é de reclusão de três a oito anos, se a subtração for de veículo automotor que venha a ser transportado para outro Estado ou para o exterior. (Incluído pela Lei nº 9.426, de 1996)

§ 6º A pena é de reclusão de 2 (dois) a 5 (cinco) anos se a subtração for de semovente domesticável de produção, ainda que abatido ou dividido em partes no local da subtração. (Incluído pela Lei nº 13.330, de 2016)

§ 7º A pena é de reclusão de 4 (quatro) a 10 (dez) anos e multa, se a subtração for de substâncias explosivas ou de acessórios que, conjunta ou isoladamente, possibilitem sua fabricação, montagem ou emprego. (Incluído pela Lei nº 13.654, de 2018)

DICA DIRETO E RETO

PONTOS RELEVANTES SOBRE O FRUTO QUALIFICADO

– Com destruição ou rompimento de obstáculo à subtração da coisa; qualquer objeto ou construção. Ex.: muros, tetos, portas, janelas, fechaduras, cadeados, cofres.

– Com abuso de confiança, ou mediante fraude, escalada ou destreza; Confiança – deve existir entre o sujeito ativo e a ofendido (vítima) uma comprovada relação de fidelidade.

– A *fraude* tem a finalidade de diminuir a atenção da vítima e permitir a subtração da coisa alheia.

Ex. um homem se fantasia de manobrista e tem acesso ao quadro de chaves e pega a chave e furta o carro.

– *Escalada* – é a utilização de qualquer via anormal para ingressar no local.

Ex. Pode ser subida, penetração subterrânea como no caso do Banco Central que foi furtado

– *Destreza* – o sujeito ativo pratica o crime sem que o ofendido (vítima) perceba, pois, o agente possui habilidades físicas ou manuais. Ex.: batedor de carteiras.

– *Chave falsa* – de acordo com Damásio de Jesus chave falsa é todo instrumento que destinado a abrir fechadura. Ex.: grampos, arame, pregos.

– § 4º-B – basta que a fraude seja eletrônica, não importando estar conectado a rede de internet.

Causa de Aumento do art. 155, § 4º-C, do CP

> § 4º-C. A pena prevista no § 4º-B deste artigo, considerada a relevância do resultado gravoso:
>
> I – aumenta-se de 1/3 (um terço) a 2/3 (dois terços), se o crime é praticado mediante a utilização de servidor mantido fora do território nacional;
>
> II – aumenta-se de 1/3 (um terço) ao dobro, se o crime é praticado contra idoso ou vulnerável.

A primeira causa de aumento foi criada, pois existe uma dificuldade maior de reprimir o crime de furto quando o servidor está localizado no estrangeiro.

A segunda causa de aumento leva em consideração a vulnerabilidade da pessoa, porém este dispositivo não trouxe quais são as pessoas consideradas vulneráveis, logo deve ser adotada, por analogia, as previstas no art. 217-A, § 1º, do CP.

Crime de Roubo

> Art. 157. Subtrair coisa móvel alheia, para si ou para outrem, mediante grave ameaça ou violência a pessoa, ou depois de havê-la, por qualquer meio, reduzido à impossibilidade de resistência:
>
> Pena – reclusão, de quatro a dez anos, e multa

a) *Bem Jurídico Tutelado* – O bem protegido é o patrimônio e liberdade individual da vítima. É classificado como crime complexo – reúne 2 crimes – furto (art. 155 do CP) e constrangimento ilegal (art. 146 do CP).

b) *Roubos Hediondos* – Lei nº 8.072/1990 – O roubo com restrição de liberdades à locomoção da vítima, quando resulta lesão corporal ou morte é hediondo segundo o art.1º da Lei nº 8.072/1990:

> Art. 1º, inciso II da lei nº 8.072/90 – considera crime hediondo – *roubo cometido com restrição de liberdade à locomoção da vítima*, com emprego de arma de fogo, ou *quando resulta morte ou lesão corporal.*
>
> ROUBO – art. 157, § 2º, inciso V do CP – roubo circunstanciado pela restrição de liberdade da vítima
>
> ROUBO majorado pelo emprego de arma de fogo, seja de uso permitido, restrito ou proibido (art. 157, § 2º A, I e § 2º-B, do CP).
>
> ROUBO qualificado – art. 157, § 3º, do CP.

c) *Sujeito Ativo e Passivo*

   1) *Sujeito Ativo* – por ser crime comum pode ser praticado por qualquer pessoa, exceto o dono ou possuidor da coisa.

2) *Sujeito Passivo* – qualquer pessoa que é proprietário ou possuidor da coisa ou mesmo não possuindo tais qualidades, for alvo das ameaças ou violência empregada.

> *Pontos Relevantes*
>
> *Violência Própria* – quando há o emprego de força física. Ex.: puxar a vítima pela roupa, derrubá-la no chão, trombada, puxar pelos cabelos, etc.
>
> *Grave Ameaça* – promessa de mal grave, por intermédio de palavras, gestos ou atos.
>
> *Impossibilidade de Resistência (violência imprópria)* – a vítima não consegue resistir. Ex. sonífero, jogar areia nos olhos etc.

Art. 157, § 1º, do CP – roubo impróprio

> § 1º Na mesma pena incorre quem, logo depois de subtraída a coisa, emprega violência contra pessoa ou grave ameaça, a fim de assegurar a impunidade do crime ou a detenção da coisa para si ou para terceiro.

No roubo impróprio deve preencher os seguintes requisitos:

1º) violência ou grave ameaça é após a subtração da coisa;
2º) a finalidade é assegurar a detenção da coisa ou a impunidade do crime.

Neste § 1º a violência ou grave ameaça deve ser após a efetiva subtração patrimonial.

No roubo próprio (art. 157, *caput*, do CP) – a violência ou grave ameaça são meios executórios para a subtração. Já no roubo impróprio (art. 157, § 1º, do CP) – a violência ou grave ameaça ocorre após a subtração, logo são distintos.

d) *Consumação e Tentativa*

– *Roubo Próprio* – se consuma com a subtração do bem mediante violência ou grave ameaça.

- *STF* – a consumação do roubo próprio independe da posse mansa da coisa.
- *Roubo Impróprio* – se consuma com emprego da violência ou grave ameaça.

> ### DICA DIRETO E RETO
> *Teoria sobre a Consumação Adotada Pelos Tribunais*
>
> O STJ e o STF decidindo pela desnecessidade da posse tranquila e sinaliza para a adoção da Teoria da *Amotio* em suas decisões.
>
> Teoria da *amotio* – quando a res subtraída passa para o poder do agente, mesmo que por um curto espaço de tempo, não se exigindo que a posse seja mansa e pacífica e nem que o bem saia da esfera de vigilância da vítima. TJDF – 961.053.

A Súmula nº 582 do STJ confirma esta teoria:

> Consuma-se o crime de roubo com a inversão da posse do bem mediante emprego de violência ou grave ameaça, ainda que por breve tempo e em seguida à perseguição imediata ao agente e recuperação da coisa roubada, sendo prescindível a posse mansa e pacífica ou desvigiada.

Roubo contra mais de 1 (uma) pessoa: se o roubo ocorrer no mesmo contexto fático temos a figura do concurso formal conforme posicionamento atual da jurisprudência. A orientação dada pelo STJ é que deve observar a quantidade de patrimônio atingidos pela subtração, ou seja, se o sujeito ativo rouba apenas o pertence de uma das várias vítimas capturadas caracteriza 1 roubo, mas se subtrai o patrimônio de mais de uma pessoa, haverá concurso formal (não é crime único e sim formal).

17 – Crimes contra o Patrimônio

e) *Elemento Subjetivo* – O elemento subjetivo do crime é a vontade consciente de praticar a conduta típica, ou seja, o Dolo.

Roubo de Uso – O roubo de uso é considerado infração penal para uma parte da doutrina, porém a outra parte – fala que o *animus* de uso exclui o crime, no máximo pratica o crime do art. 146 do CP (constrangimento ilegal).

Roubo Majorado

> Art. 157, § 2º, incisos I e II do CP
>
> § 2º A pena aumenta-se de 1/3 (um terço) até metade:
>
> I – (revogado); (Redação dada pela Lei nº 13.654, de 2018)
>
> II – se há o concurso de duas ou mais pessoas;
>
> III – se a vítima está em serviço de transporte de valores e o agente conhece tal circunstância.
>
> IV – se a subtração for de veículo automotor que venha a ser transportado para outro Estado ou para o exterior;
>
> V – se o agente mantém a vítima em seu poder, restringindo sua liberdade.
>
> VI – se a subtração for de substâncias explosivas ou de acessórios que, conjunta ou isoladamente, possibilitem sua fabricação, montagem ou emprego.
>
> VII – se a violência ou grave ameaça é exercida com emprego de arma branca.

Pontos Relevantes dos Incisos do Roubo Majorado art. 157, § 2º, I ao VII

Concurso de 2 (duas) ou mais pessoas – mais de um sujeito ativo praticando o roubo, neste rol entra inimputáveis ou agentes não identificados.

– *Vítima em serviço de transporte de valores e o agente conhece tal circunstância*

1º) a vítima está transportando qualquer valor;

2º) a vítima esteja a serviço de terceiro.

Ex.: subtração de dinheiro do motoboy da empresa.

– *Veículo automotor* – pode ser motocicletas, caminhões, lanchas, aeronaves, automóveis, etc. Neste caso o sujeito ativo rouba o veículo com a intenção de levá-lo para outro Estado ou exterior.

– *Se o agente mantém a vítima em seu poder, restringindo sua liberdade* – O agente mantém a vítima em seu poder, restringindo a liberdade, logo o que se pune é privação da liberdade da vítima.

Ex.: manter a vítima amarrada na casa e confinada em um cômodo por tempo suficiente para realizar o roubo.

– *Se a subtração for de substâncias explosivas* – neste caso o que se leva em consideração é o objeto que está sendo roubado.

– *Substâncias explosivas* – inflamáveis aptas a produzir explosão. Ex. dinamite, magnésio, explosivo "TNT" etc.

– *Se a violência ou grave ameaça é exercida com emprego de arma branca.*

– *Arma branca* – a doutrina explica que é arma manual, que possui parte cortante (gume) ou de ponta e gume. Ex. espada, punhal, facão, faca etc.

Roubo Majorado – art. 157-A, § 2º, I e II, do CP

§ 2º-A. A pena aumenta-se de 2/3 (dois terços):

I – se a violência ou ameaça é exercida com emprego de arma de fogo;

II – se há destruição ou rompimento de obstáculo mediante o emprego de explosivo ou de artefato análogo que cause perigo comum.

17 – Crimes contra o Patrimônio

> *Pontos Relevantes dos Incisos do Roubo Majorado – art. 157, § 2º-A, I e II*
>
> *– Se há destruição ou rompimento de obstáculo mediante o emprego de explosivo ou de artefato análogo que cause perigo comum* – neste caso deve ser utilizado explosivos, como por exemplo dinamite, para romper os obstáculos para efetuar o roubo.
>
> *– Arma de fogo* – de acordo com a doutrina são engenhos aptos a expelir projéteis. Para tal expulsão utiliza – força expansiva de gases decorrentes de uma reação química da combustão da pólvora.

Tipos de Armas de Fogo

a) Uso permitido – art. 157, § 2º-A, I, do CP;
b) Uso restrito – art. 157, § 2º-B, do CP;
c) Uso proibido – art. 157, § 2º-B, do CP.

> Art. 157, § 3º, incisos I e II do CP
> § 3º Se da violência resulta:
> I – lesão corporal grave, a pena é de reclusão de 7 (sete) a 18 (dezoito) anos, e multa;
> II – morte, a pena é de reclusão de 20 (vinte) a 30 (trinta) anos, e multa.

O art. 157, § 3º, II, do CP é chamado de crime de *Latrocínio*.

f) *Consumação* e *Tentativa* no Delito de Latrocínio:

1º) morte consumada e subtração consumada = latrocínio consumado;
2º) morte consumada e subtração tentada = latrocínio consumado – Súmula nº 610 do STF;
3º) morte tentada e subtração tentada = latrocínio tentado – art. 14, II do CP;
4º) morte tentada e subtração consumada = latrocínio tentado.

Logo, diante do acima exposto se a morte só haverá latrocínio consumado se a morte for consumada. Quando a morte for tentada o latrocínio também será nesta modalidade prevista no art. 14, II, do CP.

g) *Tipo de Ação Penal* – Ação penal pública incondicionada.

Crime de Extorsão Mediante Sequestro

> Extorsão mediante sequestro
> Art. 159. Sequestrar pessoa com o fim de obter, para si ou para outrem, qualquer vantagem, como condição ou preço do resgate:
> Pena – reclusão, de oito a quinze anos.

a) *Bem Jurídico Tutelado (Protegido)* – O bem jurídico protegido por este tipo penal é o patrimônio, liberdade de locomoção e a integridade física da vítima.

> **DICA DIRETO E RETO**
> **CRIME HEDIONDO – LEI Nº 8.072/1990**
> Extorsão mediante sequestro simples ou qualificada são considerados crimes hediondos – art. 1º, inciso IV, da Lei nº 8.072/1990.

b) *Sujeito Ativo e Passivo*

1) *Sujeito Ativo* – este crime é classificado como comum, logo qualquer pessoa pode ser o autor da referida infração Cabe concurso – aquele que na divisão de tarefas fica com responsabilidade de alimentar a vítima e sequestradores, alugar local que serão cativeiro, bem como outros apoios táticos.

17 – Crimes contra o Patrimônio

2) *Sujeito Passivo* – aquela pessoa que teve sua liberdade de ir e vir retirada pelo sujeito ativo ou aquela que sofre a lesão patrimonial. Obs.: segundo a doutrina a pessoa jurídica pode ser vítima de extorsão mediante sequestro, na hipótese de o sócio vir a ser sequestrado e o resgate para liberá-lo deve ser pago com o patrimônio da empresa.

c) *Elemento Subjetivo* – Dolo – a vontade consciente de privar a liberdade do ofendido para conseguir vantagem ilícita em troca da liberdade da vítima. Obs.: no crime permanente – temos a presença do flagrante delito a qualquer momento enquanto o crime durar, a luz do art. 303 do CPP.

d) *Consumação e Tentativa* – O presente crime se consuma-se com a privação de liberdade, pois é um crime classificado como crime formal; TENTATIVA – possível, quando por circunstâncias alheias a vontade do sujeito ativo o crime não se consuma, art. 14, II do CP.

e) *Conduta – Tipo Objetivo* – A conduta é sequestrar – impedir por qualquer forma (violência, grave ameaça) com objetivo de adquirir qualquer vantagem, como condição ou preço do resgate.

Extorsão Mediante Sequestro Qualificado

A forma qualificada deste crime prevista no parágrafo 1º ocorre quando:

– o sequestro dura mais de 24 (vinte e quatro) horas;
– a vítima for menor de 18 (dezoito) anos ou maior de 60 (sessenta) anos;
– o crime for cometido por bando ou quadrilha.

Também ocorre extorsão mediante sequestro qualificado, segundo determina o art. 159, § 2º, do CP, ou seja, quando ocorre lesão corporal de natureza grave – art. 129, § 2º, do CP, neste caso a pena do crime será de – reclusão, de dezesseis a vinte e quatro anos. Também temos o crime qualificado quando a extorsão mediante sequestro se resulta morte, onde a pena será de reclusão, de 24 (vinte e quatro) a 30 (trinta anos).

Delação Premiada

> § 4º Se o crime é cometido em concurso, o concorrente que o denunciar à autoridade, facilitando a libertação do sequestrado, terá sua pena reduzida de um a dois terços.
>
> Trata-se de uma causa de diminuição de pena.

Coloboração Premiada (Delação Premiada) – A colaboração premiada é quando um investigado ou o réu fornece informações úteis e determinantes para a solução de um crime, esclarecimento de fatos apurados ou para localizar a vítima. Em troca desta colaboração, o delator ganha um "prêmio", ou seja, que pode ser uma redução na pena. Cada lei ou crime que prevê a colaboração premiada estipula o prêmio que o delator pode receber.

g) *Tipo de Ação Penal* – Neste crime a ação penal pública incondicionada.

Crime de Dano

> Dano
> Art. 163. Destruir, inutilizar ou deteriorar coisa alheia:
> Pena – detenção, de um a seis meses, ou multa.
> Dano qualificado
> Parágrafo único. Se o crime é cometido:
> I – com violência à pessoa ou grave ameaça;

17 – Crimes contra o Patrimônio

II – com emprego de substância inflamável ou explosiva, se o fato não constitui crime mais grave

III – contra o patrimônio da União, de Estado, do Distrito Federal, de Município ou de autarquia, fundação pública, empresa pública, sociedade de economia mista ou empresa concessionária de serviços públicos;

IV – por motivo egoístico ou com prejuízo considerável para a vítima:

Pena – detenção, de seis meses a três anos, e multa, além da pena correspondente à violência. (grifos nossos)

a) *Bem Jurídico Tuteledo (Protegido)* – O bem jurídico protegido é o Patrimônio alheio – pode ser bem móvel ou imóvel.
b) *Cabem Medidas Despenalizadoras* – No crime de dano no *caput* cabe os seguintes institutos despenalizadores:

   – transação penal, previsto no art. 76 da Lei nº 9.099/1995, pois é crime de menor potencial ofensivo;
   – também cabe a suspensão condicional do processo – art. 89 da Lei nº 9.099/1995;
   – já no crime de dano qualificado também cabe as medidas despenalizadoras da suspensão condicional do processo, bem como o acordo de não persecução penal previsto no art. 28-A do CPP.

c) *Sujeito Ativo e Passivo*

   – *Sujeito ativo* – Qualquer pessoa que não seja o dono da coisa (móvel ou imóvel) danificada.

- *Sujeito passivo* – o dono ou possuidor do bem móvel ou imóvel danificado.

d) *Conduta – Tipo Objetivo* – O crime de dano é um tipo alternativo misto – com 3 condutas (verbos), a saber:

- *destruir* – demolir;
- *inutilizar* – fazer falhar;
- *deteriorar* – colocar em mau estado de uso.

Cumpre esclarecer que existe o delito de dano tanto pela ação (comissivo) do sujeito ativo ou pela omissão. A omissão pode ocorrer se alguém que tem o dever de cuidar de algo e de forma intencional (dolosa) deixa destruir, inutilizar ou deteriorar.

> **DICA DIRETO E RETO**
>
> *Algumas condutas criminosas que não caracterizam o crime de dano, senão vejamos:*
>
> a) pichação é crime ambiental segundo determina o art. 65 da Lei nº 9.605/1998;
>
> b) vilipendiar objetos de cultos religiosos ocorre o crime de ultraje a culto e impedimento ou perturbação de ato a ele relativo, previsto art. 208 do CP;
>
> c) danificar sepultura é a infração penal do art. 210 do CP, ou seja, de violação de sepultura;
>
> d) danificar documento (público ou particular) caracteriza crime do art. 305 do CP, chamado supressão de documento.

e) *Elemento Subjetivo* – Dolo – vontade consciente de deteriorar, destruir ou inutilizar.

f) Consumação e Tentativa – A consumação ocorre com o dano efetivo (total ou parcial) do bem móvel ou imóvel de outra pessoa que não seja o autor do crime. Tentativa – admite-se.

g) Tipo de Ação Penal – O crime de dano previsto no *caput* ou na forma qualificada previsto no parágrafo único, inciso IV (por motivo egoístico ou com prejuízo considerável para a vítima) – ação penal tem natureza privada, ou seja, se procede mediante queixa. Demais casos a natureza da ação é penal pública incondicionada.

Crime de Estelionato

Outro crime muito cobrado nos enunciados da prova da OAB é o estelionato, logo temos que estudar.

> ESTELIONATO
> Art. 171. Obter, para si ou para outrem, vantagem ilícita, em prejuízo alheio, induzindo ou mantendo alguém em erro, mediante artifício, ardil, ou qualquer outro meio fraudulento:
> Pena – reclusão, de um a cinco anos, e multa, de quinhentos mil réis a dez contos de réis.

a) *Bem Jurídico Tutelado (Protegido)* – É o patrimônio o bem jurídico tutelado no caso do crime de estelionato.
b) *Cabem Medidas Despenalizadoras* – Sim, tendo em vista que a pena mínima é de um ano, cabe o instituto da suspensão condicional do processo previsto no art. 89 da Lei nº 9.099/1995. A luz do art. 28ª do CPP cabe o acordo de não persecução penal.
c) *Sujeito Ativo e Sujeito Passivo*

- *Sujeito Ativo* – o indivíduo que emprega a fraude (para si) ou aquele que recebe a vantagem ilícita de forma dolosa (para outrem).
- *Sujeito Passivo* – dono do bem ou aqueles que tenham sido enganados pela fraude. Ex. funcionário que entrega bens da empresa.

d) *Elemento Subjetivo* – Dolo de induzir ou manter pessoa em erro com a finalidade de obter indevida vantagem, para si ou para outra pessoa.

e) *Consumação e Tentativa* – Segundo jurisprudência é um delito de duplo resultado, ou seja, só se consuma após efetiva obtenção da vantagem indevida, correspondente à lesão patrimonial de outra pessoa. A tentativa é possível, pois o crime de estelionato é plurissubsistente.

No crime de estelionato o sujeito ativo usa alguma fraude para enganar o ofendido a lhe entregar bens ou valores, sem perceber que está sendo vítima de golpe.

DICA DIRETO E RETO

PONTOS RELEVANTES DO *CAPUT* DO ART. 171 DO CP

ARTIFÍCIO – o autor do crime usa um objeto para ludibriar a vítima – ex. o velho e clássico golpe do bilhete premiado (falso):

> Senhora de 64 anos entregou as joias da família
> Em março deste ano, na zona sul de São Paulo, uma senhora de 64 anos entregou as joias da família para criminosos em troca de um suposto bilhete premiado. A idosa estava a caminho do supermercado quando se deparou com uma mulher chorando copiosamente, e parou para

ajudar. Esta mulher mostrou-se muito humilde e disse que havia combinado de encontrar um amigo que ajudaria a encontrar um endereço e resgatar o prêmio de um bilhete premiado, já que ela, por problemas com a documentação, não poderia fazê-lo. O amigo, segundo a narrativa da golpista, não havia aparecido, e ela estava desesperada. Ofereceu, então, R$ 100 mil para que a para que a senhora retirasse o prêmio para ela. Nesse momento, surgiu um comparsa, muito bem vestido, cumprindo um papel de alguém mais lúcido e esclarecido. Fingindo dar apoio à outra golpista, ele comentou ter ouvido toda a história e sugeriu que ela exigisse alguma garantia de que a senhora não iria fugir com o prêmio milionário. Foi isso que aconteceu: a vítima foi até seu apartamento, que, não por acaso, ficava próximo ao local da abordagem, pegou as joias da família e as entregou para a golpista, que, como em um passe de mágica, e junto com seu comparsa, a despistou e desapareceu. (Disponível em: <Https://tudogolpe.blogosfera.uol.com.br/2019/10/12/quem-quer-ser-um-milionario-golpe-do-bilhete--premiado-ainda-faz-vitimas/?cmpid=copiaecola>. Acesso em: 31 outubro 2021)

Ardil – conversa enganosa. Ex. pedir doação para entidades assistenciais fictícias.

Qualquer outro meio Fraudulento – fórmula genérica para enganar a vítima – Ex.: silêncio.

Estelionato Privilegiado

> § 1º Se o criminoso é primário, e é de pequeno valor o prejuízo, o juiz pode aplicar a pena conforme o disposto no art. 155, § 2º.
>
> *art. 155, § 2º, do CP – Se o criminoso é primário, e é de pequeno valor a coisa furtada, o juiz pode substituir a pena de reclusão pela de detenção, diminuí-la de um a dois terços, ou aplicar somente a pena de multa.*

a) Para ter a redução da Pena Prevista no § 2º do art. 155 do CP deve:

- o réu ser primário;
- a coisa de ser de pequeno valor – inferior a um salário mínimo vigente.

Pontos Relevantes do art. 171, § 2º: nas mesmas penas incorre quem:

Disposição de coisa alheia como própria: I – vende, permuta, dá em pagamento, em locação ou em garantia coisa alheia como própria; O estelionatário se passa pelo dono da coisa (móvel ou imóvel) e negocia com terceiro de boa –fé sem possuir autorização do dono, e aí causa dano ao adquirente.

Alienação ou oneração fraudulenta de coisa própria: II – vende, permuta, dá em pagamento ou em garantia coisa própria inalienável, gravada de ônus ou litigiosa, ou imóvel que prometeu vender a terceiro, mediante pagamento em prestações, silenciando sobre qualquer dessas circunstâncias;

Coisa Inalienável: que não pode ser vendida.

Coisa Gravada de Ônus: hipoteca, penhora.

17 – Crimes contra o Patrimônio

Bem Litigioso – é o bem que está em discussão judicial. Ex. imóvel usucapião.

Defraudação de penhor: III – defrauda, mediante alienação não consentida pelo credor ou por outro modo, a garantia pignoratícia, quando tem a posse do objeto empenhado;

Garantia Pignoratícia: Garantia real conferida ao credor através de penhor mercantil.

Penhor: é quando uma coisa móvel é dada como garantia de dívida. Neste tipo de estelionato o devedor vende, permuta (troca), doa o bem que está garantindo uma dívida.

Fraude na entrega de coisa: IV – Defrauda substância, qualidade ou quantidade de coisa que deve entregar a alguém;

Fraude na Substância: natureza da coisa. Ex. entrega copo de vidro ao invés de cristal.

Fraude na Quantidade: pesos e dimensões menores.

Fraude na Qualidade: entrega coisa qualidade inferior, apesar de ser da mesma espécie (ex.: entrega uma mala viagem usada como se fosse nova).

Fraude para recebimento de indenização ou valor de seguro: V – destrói, total ou parcialmente, ou oculta coisa própria, ou lesa o próprio corpo ou a saúde, ou agrava as consequências da lesão ou doença, com o intuito de haver indenização ou valor de seguro;

Destruir ou Ocultar: Ex.: joga o carro numa ribanceira e destrói totalmente o veículo.

Lesionar o próprio corpo ou saúde: o agente se auto lesiona, mas faz parecer que foi vítima de acidente ou agressão. Ex.: Corta o dedo da mão de propósito.

Fraude no pagamento por meio de cheque – VI – emite cheque, sem suficiente provisão de fundos em poder do sacado, ou lhe frustra o pagamento. *Este delito do inciso VI possui duas formas de conduta*:

1º) o sujeito ativo entrega o cheque como forma de pagamento a terceiro, mas não possui dinheiro na sua conta.

2º) o sujeito ativo quando entrega o cheque, possui o dinheiro na conta, mas depois frustra o pagamento.

Sujeito Ativo e Passivo deste § 2º, I, do CP

Sujeito Ativo – por ser um crime classificado como comum o sujeito ativo pode ser qualquer pessoa, menos o dono da coisa.

Sujeito Passivo – a vítima é quem adquire, aluga ou recebe o bem em garantia sem saber que não pertence ao estelionatário.

Conforme se observa do art. 171, § 3º, do CP, traz uma causa de aumento de um terço, quando o crime de estelionato é cometido em detrimento de entidade de direito público ou de instituto de economia popular (ex. Caixa Econômica Federal), assistência social ou beneficência.

Ex. crime contra o INSS.

Fraude Eletrônica

> § 2º-A. A pena é de reclusão, de 4 (quatro) a 8 (oito) anos, e multa, se a fraude é cometida com a utilização de informações fornecidas pela vítima ou por terceiro induzido a erro por meio de redes sociais, contatos telefônicos ou envio de correio eletrônico fraudulento, ou por qualquer outro meio fraudulento análogo.

17 – Crimes contra o Patrimônio

> *Pontos Relevantes*
>
> *Por Meio de Redes Sociais* – o sujeito ativo utiliza uma conta no Facebook, simulando sorteio de algo para obter dados da vítima.
>
> *Por Meio de Contatos Eletrônicos* – o autor do crime telefona para vítima para obter vantagem por meio de fraude, contando, por exemplo que alguém da família está sequestrado.
>
> *Por Meio de envio de Correio Eletrônico* – são e-mails neste caso enviados para obter dados da vítima, como por exemplo e-mails simulando ser banco.
>
> *Por qualquer outro Meio fraudulento análogo* – temos o uso do Whatsapp, simulando uma promoção e pedindo para a pessoa preencher um número e na verdade é uma forma de clonar o WhatsApp.

Causas de Aumento do § 2º-A

> § 2º-B. A pena prevista no § 2º-A deste artigo, considerada a relevância do resultado gravoso, aumenta-se de 1/3 (um terço) a 2/3 (dois terços), se o crime é praticado mediante a utilização de servidor mantido fora do território nacional.
>
> § 3º A pena aumenta-se de um terço, se o crime é cometido em detrimento de entidade de direito público ou de instituto de economia popular, assistência social ou beneficência.

c) *Tipo de Ação Penal* – É ação penal pública condicionada a representação do ofendido como regra – art. 171, § 5º, do CP. O prazo para representação – são 6 (seis) meses decadenciais a contar do conhecimento da autoria – art. 38 do CPP. Os incisos de I ao IV deste § 5º trazem exceções, onde a ação penal será pública incondicionada.

> § 5º Somente se procede mediante representação, *salvo se a vítima for:*
> I – a Administração Pública, direta ou indireta
> II – criança ou adolescente;
> III – pessoa com deficiência mental; ou
> IV – maior de 70 (setenta) anos de idade ou incapaz.
> (grifos nossos)

Segundo o art. 2º da Lei nº 8.069/1990 (ECA) – considera criança quem tem até doze anos de idade incompleto e adolescente quem tem entre 12 anos até 18 anos.

Crime de Receptação

> Receptação
> Art. 180. Adquirir, receber, transportar, conduzir ou ocultar, em proveito próprio ou alheio, coisa que sabe ser produto de crime, ou influir para que terceiro, de boa-fé, a adquira, receba ou oculte:
> Pena – reclusão, de um a quatro anos, e multa.

Receptação Qualificada

> § 1º Adquirir, receber, transportar, conduzir, ocultar, ter em depósito, desmontar, montar, remontar, vender, expor à venda, ou de qualquer forma utilizar, em proveito próprio ou alheio, no exercício de atividade comercial ou industrial, coisa que deve saber ser produto de crime:
> Pena – reclusão, de três a oito anos, e multa.

Crime próprio, pois a só pessoas ligadas à área comercial ou industrial que podem praticar esta receptação qualificada:

17 – Crimes contra o Patrimônio

§ 2º Equipara-se à atividade comercial, para efeito do parágrafo anterior, qualquer forma de comércio irregular ou clandestino, inclusive o exercício em residência.

§ 3º Adquirir ou receber coisa que, por sua natureza ou pela desproporção entre o valor e o preço, ou pela condição de quem a oferece, deve presumir-se obtida por meio criminoso:

Pena – detenção, de um mês a um ano, ou multa, ou ambas as penas.

§ 4º A receptação é punível, ainda que desconhecido ou isento de pena o autor do crime de que proveio a coisa.

§ 5º Na hipótese do § 3º, se o criminoso é primário, pode o juiz, tendo em consideração as circunstâncias, deixar de aplicar a pena. Na receptação dolosa aplica-se o disposto no § 2º do art. 155.

§ 6º Tratando-se de bens do patrimônio da União, de Estado, do Distrito Federal, de Município ou de autarquia, fundação pública, empresa pública, sociedade de economia mista ou empresa concessionária de serviços públicos, aplica-se em dobro a pena prevista no *caput* deste artigo.

a) *Bem Jurídico Tutelado (Protegido)* – Os bens jurídicos protegidos neste crime é o patrimônio, bem como de forma secundária a administração da justiça.
b) *Cabem Medidas Despenalizadoras* – Como no caso da receptação prevista no *caput* diante da pena mínima é igual a 1 anos cabe a medida despenalizadora da suspensão condicional do processo – art. 89 da Lei nº 9.099/1995, bem como

o acordo de não persecução penal – art. 28 A do CPP. No caso da receptação qualificada do § 2º cabe apenas a medida despenalizadora do art. 28 A do CPP, ou seja, acordo de não persecução penal.

A receptação culposa do § 3º cabe transação penal do art. 76 da Lei nº 9.099/95, bem como a suspensão condicional do processo do art. 89 do meu diploma legal.

Receptação segundo o Código Penal quanto a intenção do Sujeito Ativo, pode ser *Dolosa* ou *Culposa*.

O Código Penal prevê duas espécies de *Recepetação* segundo a intenção do sujeito ativo:

a) *Dolosa*, que subdivide em:

   1) simples própria (*caput*, 1ª parte) e imprópria (*caput*, 2ª parte)

   2) qualificada (§ 1º);

   3) majorada (§ 6º);

   4) privilegiada (§ 5º, 2ª parte); e

b) *Culposa* (§ 3º).

O crime de receptação para ocorrer, depende de um crime antecedente, como por exemplo o roubo, logo esta infração tem natureza de crime acessório.

Frisa-se que, o sujeito ativo do crime de receptação, mesmo que não saiba quem é o autor do crime antecedente pode ser punido.

A receptação é punível, ainda que desconhecido ou isento de pena o autor do crime de que proveio a coisa, segundo determina o parágrafo quarto do art. 180 do CP. Logo, o sujeito ativo deste crime recebe pena mesmo que não se saiba quem é o autor do delito anterior ou por qualquer razão esta pessoa seja isenta de pena (excludente de culpabilidade, menoridade, ou escusa absolutória – pai que furta filho). Ex.: dono de desmanche que possui várias peças de carro provenientes de roubos, pode ser punido por crime de receptação, mesmo que não saiba quem são os autores dos carros roubados.

c) *Sujeito Ativo e Passivo*

  1) Sujeito ativo – pode ser qualquer pessoa, salvo o autor, coautor ou partícipe do crime anterior.

  2) Sujeito passivo – a pessoa que foi vítima na infração anterior ao crime de receptação.

d) *Conduta – Tipo Objetivo* – Temos dois tios de receptação, a própria e a imprópria.

  1) Receptação Própria – neste caso o sujeito ativo sabe da origem criminosa do bem, mas mesmo assim adquire (a título oneroso) ou recebe ou transporta (carregar), oculta (esconde) ou conduz (dirigir).

  2) Receptação Imprópria – neste caso o sujeito ativo influencia para que uma outra pessoa, de boa-fé, adquira, oculte ou receba coisa produto de crime.

DICA DIRETO E RETO

STF – para esta corte somente coisa móvel pode ser objeto material do crime de receptação.

STJ – entende que o talão de cheque por ter valor econômico pode ser objeto material do crime de receptação.

Importante mencionar, sobre a aplicação do princípio da insignificância no crime de receptação. Não cabe aplicação deste princípio no crime de receptação, pois segundo posicionamento do STF este delito traz consigo inúmeras outras infrações, até mais graves (HC nº 111.608, Rel. Ministro Ricardo Lewandowski).

e) *Elemento Subjetivo* – Dolo – o sujeito ativo deve ter certeza que o objeto é produto de crime. No caso de dúvida – gera o crime de receptação culposa. Se o sujeito ativo tinha a intenção apenas de ajudar o autor da infração anterior, pratica o crime de receptação incorre no delito de favorecimento real – art. 349 do CP.

f) *Consumação e Tentativa* – O crime de receptação própria (material) se consuma com quando a coisa passa para a esfera do sujeito ativo. Já a receptação imprópria é considerada crime formal, logo, se consuma quando o sujeito ativo consegue influenciar outra pessoa.

Tentativa – segundo a doutrina somente existe a possibilidade da tentativa na receptação própria, pois é delito de natureza material.

Quando a conduta da receptação for *Transportar, Conduzir* e *Ocultar* – considera-se formas permanentes do crime, logo o sujeito ativo pode ser preso em flagrante delito a qualquer momento de acordo com o preceito do art. 303 do CPP.

g) *Possibilidade de perdão no crime de Recepção – art. 180, § 5º, do CP* – Na primeira parte do § 5º do art. 180 do CP existe a possibilidade do juiz, caso a receptação seja culposa e réu ser primário, conceder ao acusado o perdão judicial que é uma causa extintiva da punibilidade.

17 – Crimes contra o Patrimônio

Receptação Dolosa Privilegiada

Na segunda parte do § 5º do art. 180 do CP, trata da receptação dolosa onde o juiz pode aplicar a pena do privilegio do art. 155, § 2º, do CP (réu primário e a coisa de pequeno valor – inferior a um salário mínimo).

Crime de Perseguição

> *Art. 147-A.* Perseguir alguém, reiteradamente e por qualquer meio, ameaçando-lhe a integridade física ou psicológica, restringindo-lhe a capacidade de locomoção ou, de qualquer forma, invadindo ou perturbando sua esfera de liberdade ou privacidade.
>
> *Pena* – reclusão, de 6 (seis) meses a 2 (dois) anos, e multa.
>
> § 1º A pena é aumentada de metade se o crime é cometido:
>
> I – contra criança, adolescente ou idoso;
>
> II – contra mulher por razões da condição de sexo feminino, nos termos do § 2º-A do art. 121 deste Código;
>
> III – mediante concurso de 2 (duas) ou mais pessoas ou com o emprego de arma
>
> § 2º As penas deste artigo são aplicáveis sem prejuízo das correspondentes à violência.
>
> § 3º Somente se procede mediante representação.

A palavra perseguição em inglês é *stalking,* que corresponde perseguir incessantemente. Trata-se de uma forma violenta onde o agente invade repetidamente a vida priva do ofendido, por meio de repetição de atos, restringindo a liberdade ou atacando a privacidade ou reputação da vítima.

a) *Bem Jurídico Tutelado (Protegido)* – O legislador quando criou este tipo penal, o fez com a finalidade de proteger a liberdade individual do indivíduo.

b) *Cabem Medidas Despenalizadoras* – No *caput* do referido artigo cabe a medida despenalizadora da suspensão condicional do processo – art. 89 da Lei nº 9.099/1995, bem como transação penal prevista no art. 76 da mesma lei. Já no parágrafo primeiro, cabe suspensão condicional do processo – art. 89 da Lei nº 9.099/1995 em todas hipóteses de os incisos do § 1º., porém, o acordo de não persecução penal cabe no parágrafo primeiro, salvo nas hipóteses do inciso II do art. 147-A, § 1º, do CP.

c) *Sujeito Ativo e Passivo*

   1) Sujeito Ativo – por ser um crime classificado como comum pode ser praticado qualquer pessoa.

   2) Sujeito Passivo – o ofendido também pode ser qualquer pessoa. Cumpre destacar, que para a pessoa ser vítima deste crime, não precisa ter se relacionado com o sujeito ativo.

d) *Conduta – Tipo Objetivo* – O crime de perseguição tem como núcleo do tipo *PERSEGUIR*. É importante frisar que, a palavra perseguir (também pode ser interpretada como importunar, perturbar, atormentar) e consiste em *perseguir alguém,* reiteradamente e por qualquer meio, que pode atingir a vítima de três formas:

   1) ameaçando a integridade física ou psicológica;
   2) restringindo a capacidade de locomoção;

17 – Crimes contra o Patrimônio

3) invadindo ou perturbando a esfera de liberdade ou privacidade.

e) *Consumação e Tentativa* – O crime de perseguição é habitual, logo precisa reiteração dos atos de perseguição para que ocorra a consumação do delito.

Tentativa – A tentativa é inadmissível em infrações dessa natureza.

f) *Elemento Subjetivo* – Dolo – O crime só pode ser cometido na modalidade dolosa, não havendo previsão legal para *stalking* culposo. Não importa o motivo que levou a perseguição (paixão, admiração, obsessão), haverá crime de *stalking* perseguição, se a conduta implicar na perturbação da liberdade ou privacidade de alguém.

g) *Tipo de Ação Penal* – Nos termos do § 3º do art. 147-A, a Ação Penal é Pública Condicionada à Representação do Ofendido.

RESUMO DO CAPÍTULO
Crimes Contra o Patrimônio
Crime de Furto – art. 155 do CP

Cabem Medidas Despenalizadoras – cabe medidas despenalizadoras de suspensão condicional do processo e o acordo de não persecução penal.

Sujeito Ativo – qualquer pessoa.

Sujeito Passivo – qualquer pessoa física ou jurídica que seja proprietário, detentor ou possuidor da coisa que foi subtraída.

DICA DIRETO E RETO

Coisa de Ninguém ou Dispensada – não é alheia, ou seja, de outrem.

Coisa Perdida é considerada alheia.

Coisa Pública de uso comum do Povo – não caracteriza o delito de furto de ar, luz, água do mar e dos rios, exceto quando removidas do lugar de origem e tenham valor econômico para alguma pessoa.

RESUMO DO CAPÍTULO

Elemento Subjetivo – é o dolo.

Furto Famélico – O furto famélico (para aplacar a fome) caracteriza estado de necessidade, logo é uma excludente de ilicitude.

Consumação – Adota-se a teoria do *amotio* (*apprehensio*).

Tentativa – é possível.

Causa de Aumento Repouso Noturno – art. 155, § 1º, do CP – É o tempo que cada cidade ou local, habitualmente, se recolhe para repouso diário, logo não se utiliza o critério noite.

Furto Privilegiado – art. 155, § 2º, do CP – o réu deve ser primário e a coisa de pequeno valor (inferior a um salário mínimo).

Furto de Energia Elétrica – art. 155, § 3º, do CP – a energia pode ser elétrica ou qualquer outra que tenha valor econômico, por exemplo, energia térmica, mecânica etc.

Furto Qualificado – art. 155, § 4º, I a IV e §§ 4º-A, 5º, 6º e 7º, do CP.

17 – Crimes contra o Patrimônio

> **DICA DIRETO E RETO**
>
> Significados importantes do furto qualificado:
>
> – Com destruição ou rompimento de obstáculo à subtração da coisa; qualquer objeto ou construção.
>
> – Com abuso de confiança, ou mediante fraude, escalada ou destreza
>
> *Confiança* – deve existir entre o sujeito ativo e a vítima relação de fidelidade.
>
> *Fraude* – tem a finalidade de diminuir a atenção da vítima e permitir a subtração da coisa alheia.
>
> *Escalada* – é a utilização de qualquer via anormal para ingressar no local.
>
> *Destreza* – o sujeito ativo pratica o crime sem que o ofendido (vítima) perceba.
>
> *Chave falsa* – é todo instrumento que destinado a abrir fechadura.

> **RESUMO DO CAPÍTULO**
>
> *Ação Penal* – Ação penal pública incondicionada, salvo nas hipóteses do art. 182 do CP.
>
> **Crime de Roubo – art. 157 do CP**
>
> **Roubos Hediondos** – O roubo com restrição de liberdades à locomoção da vítima, quando resulta lesão corporal ou morte é hediondo segundo o art.1º da Lei nº 8.072/1990:
>
> *Sujeito Ativo* – qualquer pessoa, exceto o dono ou possuidor da coisa.
>
> *Sujeito Passivo* – qualquer pessoa que é proprietário ou possuidor da coisa ou mesmo não possuindo tais qualidades, for alvo das ameaças ou violência empregada.

Roubo Impróprio – art. 157, § 1º, do CP – neste § 1º a violência ou grave ameaça deve ser após a efetiva subtração patrimonial. No roubo próprio (art. 157, *caput*, do CP) – a violência ou grave ameaça são meios executórios para a subtração.

Consumação

Roubo Próprio – teoria do *amotio*, logo se consuma com a subtração do bem mediante violência ou grave ameaça.

Roubo Impróprio – se consuma com emprego da violência ou grave ameaça.

Tentativa – é possível.

Roubo contra mais de 1 (uma) Pessoa – Se o roubo ocorrer no mesmo contexto fático temos a figura do concurso formal.

Elemento Subjetivo – é o dolo.

Roubo Majorado – art. 157, § 2º, I e II, do CP.

Roubo Majorado – art. 157-A, § 2º, I e II, do CP.

Roubo Qualificado – art. 157, § 3º, I e II, do CP.

O inciso II do art. 157, § 3º, do CP é chamado de crime de *Latrocínio*.

DICA DIRETO E RETO

Consumação e Tentativa do Latrocínio:

– Só haverá latrocínio consumado se a morte for consumada. Quando a morte for tentada o latrocínio também será nesta modalidade prevista no art. 14, II, do CP.

17 – Crimes contra o Patrimônio

RESUMO DO CAPÍTULO

Tipo de Ação Penal – Ação penal pública incondicionada.

Crime de Extorsão Mediante Sequestro – art. 159 do CP

Crime Hediondo – Lei nº 8.072/1990 – Extorsão mediante sequestro simples ou qualificada são considerados crimes hediondos – art. 1º, inciso IV, da Lei nº 8.072/1990.

Sujeito Ativo – qualquer pessoa, cabe.

Sujeito Passivo – aquela pessoa que teve sua liberdade de ir e vir retirada pelo sujeito ativo ou aquela que sofre a lesão patrimonial.

Elemento Subjetivo – é o dolo.

Consumação – consuma-se com a privação de liberdade – crime formal.

Tentativa – é possível.

Extorsão Mediante Sequestro Qualificado – art. 159, §§ 1º e § 2º, do CP

a) O sequestro dura mais de 24 (vinte e quatro) horas.

b) Vítima for menor de 18 (dezoito) anos ou maior de 60 (sessenta) anos.

c) Quando o crime for cometido por bando ou quadrilha.

d) Ocorre lesão corporal de natureza grave – art. 129, § 2º, do CP.

e) Quando resulta morte.

Delação Premiada – art. 159, § 4º, do CP

Tipo de Ação Penal – Neste crime a ação penal pública incondicionada.

Crime de Dano – art. 163 do CP

Dano Qualificado – art. 163, par. ún., do CP

Cabem as Medidas Despenalizadoras – no *caput* cabe os seguintes institutos despenalizadores da transação penal e a suspensão condicional do processo. Dano qualificado cabe as medidas despenalizadoras da suspensão condicional do processo, bem como o acordo de não persecução penal.

Sujeito Ativo – Qualquer pessoa.

Sujeito Passivo – o dono ou possuidor do bem móvel ou imóvel danificado.

DICA DIRETO E RETO

Algumas condutas criminosas que não caracterizam o crime de dano, senão vejamos:

a) pichação é crime ambiental segundo determina o art. 65 da Lei nº 9.605/1998;

b) vilipendiar objetos de cultos religiosos ocorre o crime de ultraje a culto e impedimento ou perturbação de ato a ele relativo, previsto art. 208 do CP;

c) danificar sepultura é a infração penal do art. 210 do CP, ou seja, de violação de sepultura;

d) danificar documento (público ou particular) caracteriza crime do art. 305 do CP, chamado supressão de documento.

RESUMO DO CAPÍTULO

Elemento Subjetivo – é o dolo.

Consumação – com o dano efetivo (total ou parcial) do bem móvel ou imóvel de outra pessoa que não seja o autor do crime.

Tentativa – é possível.

Tipo de Ação Penal – O crime de dano previsto no *caput* ou na forma qualificada previsto no parágrafo único, inciso

17 – Crimes contra o Patrimônio

IV (por motivo egoístico ou com prejuízo considerável para a vítima) – ação penal tem natureza privada. Demais casos a natureza da ação é penal pública incondicionada.

Crime de Estelionato – art. 171 do CP

Cabem Medidas Despenalizadoras – cabe o instituto da suspensão condicional do processo previsto e o acordo de não persecução penal.

Sujeito Ativo – o indivíduo que emprega a fraude (para si) ou aquele que recebe a vantagem ilícita de forma dolosa (para outrem).

Sujeito Passivo – dono do bem ou aqueles que tenham sido enganados pela fraude.

Elemento Subjetivo – é o dolo.

Consumação – após efetiva obtenção da vantagem indevida, correspondente à lesão patrimonial de outra pessoa.

Tentativa – é possível.

Estelionato Privilegiado – art. 171, § 1º – Se o criminoso é primário, e é de pequeno valor o prejuízo, o juiz pode aplicar a pena conforme o disposto no art. 155, § 2º.

DICA DIRETO E RETO

art. 171, § 2º

Disposição de coisa alheia como própria. Alienação ou oneração fraudulenta de coisa própria.

Coisa Inalienável – que não pode ser vendida.

Coisa Gravada de Ônus – hipoteca, penhora.

Bem Litigioso – é o bem que está em discussão judicial. Ex.: imóvel usucapião.

Defraudação de penhor

Garantia Pignoratícia – Garantia real conferida ao credor através de penhor mercantil.

Penhor é quando uma coisa móvel é dada como garantia de dívida.

Fraude na entrega de coisa

– Fraude na Substância – natureza da coisa.

– Fraude na Quantidade – pesos e dimensões menores.

– Fraude na Qualidade – entrega coisa qualidade inferior, apesar de ser da mesma espécie (ex. entrega uma mala viagem usada como se fosse nova).

Fraude para recebimento de indenização ou valor de seguro

Destruir ou *Ocultar* – Ex. joga o carro numa ribanceira e destrói totalmente o veículo.

Lesionar o próprio corpo ou saúde – o agente se auto lesiona, mas faz parecer que foi vítima de acidente ou agressão.

Fraude no pagamento por meio de cheque

1º) O sujeito ativo entrega o cheque como forma de pagamento a terceiro, mas não possui dinheiro na sua conta.

2º) O sujeito ativo quando entrega o cheque, possui o dinheiro na conta, mas depois frustra o pagamento.

RESUMO DO CAPÍTULO

Sujeito Ativo e Passivo do § 2º, I, do CP

Sujeito Ativo – qualquer pessoa menos o dono da coisa.

Sujeito Passivo – quem adquire, aluga ou recebe o bem em garantia sem saber que não pertence ao estelionatário.

Tipo de Ação Penal – É ação penal pública condicionada a representação do ofendido como regra – art. 171, § 5º, do

CP. Os incisos de I ao IV deste § 5º traz exceções, onde a ação penal será pública incondicionada.

Crime de Receptação – art. 180 do CP
Receptação Qualificada – art. 180, § 1º, do CP

Cabem Medidas Despenalizadoras – no *caput* cabe a medida despenalizadora da suspensão condicional do processo. E o acordo de não persecução penal.

– Receptação qualificada do § 2º cabe apenas a medida despenalizadora do acordo de não persecução penal.

– Receptação culposa do § 3º cabe transação penal e suspensão condicional do processo.

Recepetação segundo o Código Penal quanto à intenção do Sujeito

Sujeito Ativo – pode ser qualquer pessoa, salvo o autor, coautor ou partícipe do crime anterior.

Sujeito Passivo – a pessoa que foi vítima na infração anterior ao crime de receptação.

Receptação Própria – neste caso o sujeito ativo sabe da origem criminosa do bem, mas mesmo assim adquire (a título oneroso) ou recebe ou transporta (carregar), oculta (esconde) ou conduz (dirigir).

Receptação Imprópria – neste caso o sujeito ativo influencia para que uma outra pessoa, de boa-fé, adquira, oculte ou receba coisa produto de crime.

Elemento Subjetivo – é o dolo. No caso de dúvida – gera o crime de receptação culposa.

Consumação – receptação própria (material) – quando a coisa passa para a esfera do sujeito ativo e receptação imprópria – quando o sujeito ativo consegue influenciar outra pessoa.

Tentativa – é possível.

Possibilidade de Perdão no Crime de Receptção – art. 180, § 5º, primeira parte, do CP

Receptação Dolosa Privilegiada – art. 180, § 5º, segunda parte, do CP

– Réu primário e a coisa de pequeno valor – inferior a um salário mínimo.

Crime de Perseguição

Conceito – A palavra perseguição em inglês é *stalking*, que corresponde perseguir incessantemente.

Cabem Medidas Despenalizadoras – No *caput* do referido artigo cabe a medida despenalizadora da suspensão condicional do processo e transação penal. No parágrafo primeiro, cabe suspensão condicional do processo em todas hipóteses de os incisos do parágrafo 1º e o acordo de não persecução penal, salvo nas hipóteses do inciso II do art. 147-A, § 1º, do CP.

Sujeito Ativo – qualquer pessoa.

Sujeito Passivo – qualquer pessoa.

Consumação – O crime de perseguição é habitual, logo precisa reiteração dos atos de perseguição.

Tentativa – não cabe.

Elemento Subjetivo – É o dolo.

Tipo de Ação Penal – Nos termos do § 3º do art. 147-A, a Ação Penal é Pública Condicionada à Representação do Ofendido.

18 – Dos Crimes em Licitações e Contratos Administrativos

Contratação Direta Ilegal

> Art. 337-E. Admitir, possibilitar ou dar causa à contratação direta fora das hipóteses previstas em lei.
> Pena – reclusão, de 4 (quatro) a 8 (oito) anos, e multa

a) *Bem Jurídico Tutelado (Protegido)* – O bem jurídico protegido no caso deste crime é o patrimônio público, bem como os princípios constitucionais da Administração Pública previstos no art. 37, *caput* da CF, tais como legalidade, moralidade e impessoalidade. Este crime tem a finalidade de proteger a Administração Pública sempre que for contratar de forma direta (sem licitação) com terceiros para realizar serviços, obras, fornecer bens ao setor público, para evitar danos ao erário.

b) *Cabem Medidas Despenalizadoras* – O crime de contratação direta ilegal, diante da pena, não cabe nenhuma medida despenalizadora da Lei nº 9.099/1995 e nem o acordo de não persecução penal previsto no art. 28-A do CPP.

c) *Sujeito Ativo e Passivo*

   1) Sujeito Ativo – o presente crime é classificado como próprio, logo só funcionário público pode ser o autor desta infração penal. Para fins de deste crime, considera funcionário público as pessoas mencionadas no art. 327 do CP.

2) Sujeito Passivo – a vítima deste crime é o Estado.

d) *Conduta (Tipo Objetivo)* – A conduta que é punível neste tipo penal é que admite (aceita), possibilita (torna possível) ou dá causa (provoca) a contratação direta em casos que a lei não prevê. Trata-se de uma norma penal em branco, pois não traz o conceito de contratação direta. Tal conceito deve ser retirado da nova lei de licitações nº. 14.133/2021.

e) *Elemento Subjetivo* – O elemento subjetivo do crime é o dolo, ou seja, a vontade consciente de praticar os núcleos do tipo, admitir, possibilitar ou dar causa a contratação direta fora dos casos de dispensa e inexigibilidade previstos na lei de licitação.

Não cabe a modalidade culposa neste crime, logo se funcionário sem a intenção não cumpre as regras para contratação direta, deverá receber uma punição administrativa.

f) *Consumação e Tentaiva* – A consumação se dá com a celebração do contrato e com efetivo prejuízo ao erário, diante da contratação direta ilegal. Não admite a tentativa o crime em questão.

g) *Tipo de Ação Penal* – A natureza da ação penal é pública incondicionada.

Frustração do Caráter Competitivo de Licitação

> Art. 337-F. Frustrar ou fraudar, com o intuito de obter para si ou para outrem vantagem decorrente

da adjudicação do objeto da licitação, o caráter competitivo do processo licitatório:

Pena – reclusão, de 4 (quatro) anos a 8 (oito) anos, e multa.

a) *Bem Jurídico Tutelado (Protegido)* –Este tipo penal protege o caráter competitivo da licitação e os interesses do poder público, para que a Administração Pública realize a contratação evidentemente mais vantajosa.

b) *Cabem Medidas Despenalizadoras* – A crime frustração do caráter competitivo de licitação, diante da pena, não cabe nenhuma medida despenalizadora da Lei nº 9.099/1995 e nem o acordo de não persecução penal previsto no art. 28A do CPP.

c) *Sujeito Ativo e Passivo*

  1) *Sujeito Ativo* – este crime é classificado como comum, logo qualquer pessoa pode ser o autor da referida infração (funcionário ou particular).

  2) *Sujeito Passivo* – a vítima principal é o Estado e, em segundo plano os demais participantes da licitação que não participaram da fraude.

d) *Conduta (Tipo Objetivo)* – A conduta deste crime é fraudar (manipular) ou frustrar (impedir) a competição no processo licitatório. Este crime é classificado como tipo penal misto alternativo, logo se o sujeito ativo frustra e frauda, responde por um único delito.

e) *Elemento Subjetivo* – O elemento subjetivo do crime é o dolo, ou seja, a vontade consciente de praticar os núcleos do tipo, fraudar e frustrar o caráter competitivo da licitação. Não cabe a modalidade culposa neste crime, por falta de previsão expressa.

f) *Consumação e Tentativa* – O presente crime se consuma com a pratica de qualquer ato com finalidade de frustrar ou fraudar o caráter competitivo da licitação.

Neste tipo penal é possível a tentativa, quando por circunstâncias alheias à vontade do agente, os atos praticados pelo mesmo, não consegue para frustrar ou fraudar o caráter competitivo da licitação.

g) *Tipo de Ação Penal* – A natureza da ação penal é pública incondicionada.

Patrocínio de Contratação Indevida

> Art. 337-G. Patrocinar, direta ou indiretamente, interesse privado perante a Administração Pública, dando causa à instauração de licitação ou à celebração de contrato cuja invalidação vier a ser decretada pelo Poder Judiciário:
> Pena – reclusão, de 6 (seis) meses a 3 (três) anos, e multa

a) *Bem Jurídico Tutelado (Protegido)* – O bem jurídico tutelado neste crime é moralidade da Administração Pública, previsto na Constituição Federal no seu art. 37, *caput*. O legislador ao criar este tipo penal, quis evitar que o funcionário público, se valendo do seu cargo público, patrocine interesses do particular dando causa a instauração de licitação ou celebração de contrato celebração de contrato cuja invalidação vier a ser decretada pelo Poder Judiciário.

18 – Dos Crimes em Licitações e Contratos Administrativos

b) *Cabem Medidas Despenalizadoras* – O crime de patrocínio de contratação indevida, diante da sua pena e características, admite o benefício da suspensão condicional do processo previsto no art. 89 da Lei nº 9.099/1995 e, também o acordo de não persecução penal previsto no art. 28 A do CPP.

c) *Sujeito Ativo e Passivo*

   1) Sujeito Ativo – o presente crime é classificado como próprio, logo só funcionário público pode ser o autor desta infração penal. Para fins de deste crime, considera funcionário público as pessoas mencionadas no art. 327 do CP.

   2) Sujeito Passivo – a vítima deste crime é o Estado.

d) *Conduta (Tipo Objetivo)* – A conduta punível neste crime é patrocinar (advogar, favorecer, defender), direta ou indiretamente, interesse do privado perante a Administração Pública, dando causa à instauração de licitação ou celebração de contrato cuja invalidação vier a ser decretada pelo Poder Judiciário.

f) *Elemento Subjetivo* – O elemento subjetivo do crime é o dolo, ou seja, a vontade consciente de praticar o núcleo do tipo patrocinar interesse do privado perante a Administração Pública. Não cabe a modalidade culposa neste crime, por falta de previsão expressa.

g) *Consumação e Tentativa* – A consumação deste crime se dá com a instauração da licitação ou celebração do contrato que vier ser posteriormente invalidado pelo Judiciário.

h) *Tipo de Ação Penal* – A natureza da ação penal é pública incondicionada.

Modificação ou Pagamento Irregular em Contrato Administrativo

> Art. 337-H. Admitir, possibilitar ou dar causa a qualquer modificação ou vantagem, inclusive prorrogação contratual, em favor do contratado, durante a execução dos contratos celebrados com a Administração Pública, sem autorização em lei, no edital da licitação ou nos respectivos instrumentos contratuais, ou, ainda, pagar fatura com preterição da ordem cronológica de sua exigibilidade:
> Pena – reclusão, de 4 (quatro) anos a 8 (oito) anos, e multa.

a) *Bem Jurídico Tutelado (Protegido)* – O bem jurídico protegido é a boa-fé, moralidade administrativa, princípio da igualdade, honestidade dos contratos firmados com Administração Pública, bem como o patrimônio público.

b) *Cabem Medidas Despenalizadoras* – O crime de modificação ou pagamento irregular em contrato administrativo, diante da pena, não cabe nenhuma medida despenalizadora da Lei nº 9.099/1995 e nem o acordo de não persecução penal previsto no art. 28-A do CPP.

c) *Sujeito Ativo e Passivo*

   1) Sujeito Ativo – o presente crime é classificado como próprio, logo só funcionário público pode ser o autor desta infração penal. Para fins de deste crime, considera funcionário público as pessoas mencionadas no art. 327 do CP.

   2) Sujeito Passivo – a vítima do crime é o Estado.

18 – Dos Crimes em Licitações e Contratos Administrativos

d) *Conduta (Tipo Objetivo)* – Este tipo penal é dividido em duas partes. A conduta descrita na primeira parte do crime é admitir (aceita), possibilitar (proporciona), ou dar causa a qualquer modificação ou vantagem, inclusive prorrogação contratual, em favor do contratado, durante a execução dos contratos celebrados com a Administração Pública, sem autorização em lei, no edital da licitação ou nos respectivos instrumentos contratuais. A primeira parte do tipo penal em questão, é classificado como tipo penal misto alternativo, logo, se o sujeito ativo praticar qualquer dos verbos acima mencionados, responde por um único delito. Já a segunda parte, traz como conduta, pagar fatura com preterição da ordem cronológica de sua exigibilidade. A referida ordem que devem ser pagas as faturas estão previstas na nova Lei de Licitações (Lei nº 14.133/2021), art. 140.

e) *Elemento Subjetivo* – O elemento subjetivo do crime é a vontade consciente de praticar as condutas típicas previstas no art. 337-H do CP, ou seja, o dolo. Não cabe a modalidade culposa neste crime, por falta de previsão expressa.

f) *Consumação e Tentativa* – A conduta prevista na segunda parte do tipo penal se consuma com o pagamento que não respeita a ordem cronológica do art. 140 da Lei de Licitações e Contratos Administrativos nº 14.133/2021. Admite a tentativa nesta situação. Já a primeira parte do crime, se consuma com a prática da conduta típica, pouco importando as consequências que podem surgir. Não se admitindo a tentativa nesta hipótese.

g) *Tipo de Ação Penal* – A natureza da ação penal é pública incondicionada.

Perturbação de Processo Licitatório

> Art. 337-I. Impedir, perturbar ou fraudar a realização de qualquer ato de processo licitatório:
> Pena – detenção, de 6 (seis) meses a 3 (três) anos, e multa.

a) *Bem Jurídico Tutelado (Protegido)* – O bem jurídico protegido é a boa-fé, moralidade administrativa, a honestidade da licitação.

b) *Cabem Medidas Despenalizadoras* – O crime de perturbação de processo licitatório, diante da sua pena e características, admite o benefício da suspensão condicional do processo previsto no art. 89 da Lei nº 9.099/1995 e, também o acordo de não persecução penal previsto no art. 28-A do CPP.

c) *Sujeito Ativo e Passivo*

  1) Sujeito Ativo – este crime é classificado como comum, logo qualquer pessoa pode ser o autor da referida infração (funcionário público ou particular).

  2) Sujeito Passivo – a principal vítima é o Estado, em segundo plano o licitante que foi prejudicado com o ato do agente do crime.

d) *Conduta (Tipo Objetivo)* – Quando o sujeito ativo impede, perturba ou frauda a realização de qualquer ato do processo licitatório.

e) *Elemento Subjetivo* – O elemento subjetivo do crime é a vontade consciente de praticar as condutas típicas previstas no art. 337-I do CP, ou seja, o dolo. Não cabe a modalidade culposa neste crime, por falta de previsão expressa.

18 – Dos Crimes em Licitações e Contratos Administrativos

f) *Consumação e Tentativa* – Só se admite a tentativa nas hipóteses de impedir ou fraudar. A consumação da modalidade fraudar ocorre no momento da ação enganadora. Em relação ao verbo impedir, a consumação se dá quando o ato do procedimento licitatório deixa de ser praticado. No caso da perturbação, o crime se consuma quando o ato não ocorre.

g) *Tipo de Ação Penal* – A natureza da ação penal é pública incondicionada.

Violação de Sigilo em Licitação

> Art. 337-J. Devassar o sigilo de proposta apresentada em processo licitatório ou proporcionar a terceiro o ensejo de devassá-lo:
> Pena – detenção, de 2 (dois) anos a 3 (três) anos, e multa.

a) *Bem Jurídico Tutelado (Protegido)* – O bem jurídico protegido por este tipo penal é a honestidade da licitação. Caso o sigilo venha ser quebrado viola a competitividade da licitação.

b) *Cabem Medidas Despenalizadoras* – O crime de sigilo em licitação, diante da sua pena e características, não admite qualquer medida despenalizadora da Lei nº 9.099/1995, porém cabe o acordo de não persecução penal previsto no art. 28-A do CPP.

c) *Sujeito Ativo e Passivo*

  1) Sujeito Ativo – este crime é classificado como comum, logo qualquer pessoa pode ser o autor da referida infração (funcionário público ou particular).

2) *Sujeito Passivo* – a principal vítima é o Estado, em segundo plano o licitante que foi afastado mediante violência, grave ameaça ou fraude do procedimento licitatório.

d) *Conduta (Tipo Objetivo)* – As condutas que são passíveis de punição são: devassar (violar, invadir) o sigilo de proposta apresentada em processo licitatório ou proporcionar (conceder) a terceiro o ensejo de devassá-lo.

e) *Elemento Subjetivo* – O elemento subjetivo do crime é a vontade consciente de praticar a conduta típica prevista no art. 337-J do CP, ou seja, o dolo. Não cabe a modalidade culposa neste crime, por falta de previsão expressa.

f) *Consumação e Tentativa* – O crime se consuma com a efetiva devassa do sigilo ou no momento que o sujeito ativo proporciona que terceiro realize a devassa.

g) *Tipo de Ação Penal* – A natureza da ação penal é pública incondicionada.

Afastamento de Licitante

> Art. 337-K. Afastar ou tentar afastar licitante por meio de violência, grave ameaça, fraude ou oferecimento de vantagem de qualquer tipo:
> Pena – reclusão, de 3 (três) anos a 5 (cinco) anos, e multa, além da pena correspondente à violência.
> Parágrafo único. Incorre na mesma pena quem se abstém ou desiste de licitar em razão de vantagem oferecida.

a) *Bem Jurídico Tutelado (Protegido)* – O bem jurídico protegido no crime de afastamento de licitante é manter o caráter competitivo entre os licitantes, bem como a legalidade do processo licitatório.

b) *Cabe Medidas Despenalizadoras* – O crime de afastamento de licitante, diante da sua pena e características, admite o acordo de não persecução penal previsto no art. 28-A do CPP, desde que a conduta não tenha violência ou grave ameaça.

c) *Sujeito Ativo e Passivo*

   1) Sujeito Ativo – este crime é classificado como comum, logo qualquer pessoa pode ser o autor da referida infração (funcionário público ou particular).

   2) Sujeito Passivo – a vítima deste crime é o licitante.

d) *Conduta (Tipo Objetivo)* – A conduta é afastar ou tentar afastar licitante por meio de violência, grave ameaça, fraude ou oferecimento de vantagem de qualquer tipo.

e) *Elemento Subjetivo* – O elemento subjetivo do crime é a vontade consciente de praticar as condutas típicas previstas no art. 337-K do CP, ou seja, o dolo. Não cabe a modalidade culposa neste crime, por falta de previsão expressa.

f) *Consumação e Tentativa* – O parágrafo único se consuma quando o licitante consegue se abster ou desiste de licitar. O recebimento da vantagem é mero exaurimento do delito em questão. Neste caso não cabe a tentativa.

g) *Tipo de Ação Penal* – A natureza da ação penal é pública incondicionada.

Fraude em Licitação ou Contrato

Art. 337-L. Fraudar, em prejuízo da Administração Pública, licitação ou contrato dela decorrente, mediante:

I – entrega de mercadoria ou prestação de serviços com qualidade ou em quantidade diversas das previstas no edital ou nos instrumentos contratuais;

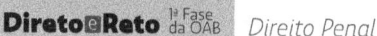

> II – fornecimento, como verdadeira ou perfeita, de mercadoria falsificada, deteriorada, inservível para consumo ou com prazo de validade vencido;
> III – entrega de uma mercadoria por outra;
> IV – alteração da substância, qualidade ou quantidade da mercadoria ou do serviço fornecido;
> V – qualquer meio fraudulento que torne injustamente mais onerosa para a Administração Pública a proposta ou a execução do contrato:
> Pena – reclusão, de 4 (quatro) anos a 8 (oito) anos, e multa.

a) *Bem Jurídico Tutelado (Protegido)* – O bem jurídico protegido é a regularidade dos contratos administrativos e do próprio processo licitatório

b) *Cabem Medidas Despenalizadoras* – A crime fraude em licitação ou contrato, diante da pena, não cabe nenhuma medida despenalizadora da Lei nº 9.099/1995 e nem o acordo de não persecução penal previsto no art. 28-A do CPP.

c) *Sujeito Ativo e Passivo*

   1) *Sujeito Ativo* – este crime é classificado como comum, logo qualquer pessoa pode ser o autor da referida infração (licitante, contratado, funcionário público).

   2) *Sujeito Passivo* – a vítima deste crime é o Estado.

d) *Conduta (Tipo Objetivo)* – O referido crime é também chamado de estelionato licitatório, logo tem como conduta proibida, o verbo fraudar (ludibriar, iludir, enganar).

e) *Elemento Subjetivo* – O elemento subjetivo do crime é a vontade consciente de praticar a conduta típica prevista no art.

337-L do CP, ou seja, o dolo. Não cabe a modalidade culposa neste crime, por falta de previsão expressa.

f) *Consumação e Tentativa* – Quando a Administração Pública sofre o prejuízo, portanto estamos diante de um crime cuja classificação é material.

g) *Tipo de Ação Penal* – A natureza da ação penal é pública incondicionada.

Contratação Inidônea

> Art. 337-M. Admitir à licitação empresa ou profissional declarado inidôneo:
> Pena – reclusão, de 1 (um) ano a 3 (três) anos, e multa.
> § 1º Celebrar contrato com empresa ou profissional declarado inidôneo:
> Pena – reclusão, de 3 (três) anos a 6 (seis) anos, e multa.
> § 2º Incide na mesma pena do *caput* deste artigo aquele que, declarado inidôneo, venha a participar de licitação e, na mesma pena do § 1º deste artigo, aquele que, declarado inidôneo, venha a contratar com a Administração Pública.

a) *Bem Jurídico Tutelado (Protegido)* – O bem jurídico protegido por esta infração penal é a idoneidade dos licitantes que participam de um processo licitatório.

b) *Cabem Medidas Despenalizadoras* – O crime de contratação inidônea, diante da sua pena e características, admite o benefício da suspensão condicional do processo previsto no art. 89 da Lei nº 9.099/1995 e, também o acordo de não persecução penal previsto no art. 28-A do CPP nas hipóteses previstas no *caput* e § 2º. Já o § 1º, só cabe o acordo de não persecução penal.

c) *Sujeito Ativo e Passivo*

1) *Sujeito Ativo* – O sujeito ativo do parágrafo segundo é qualquer pessoa, pois é um crime comum. Já o *caput* e parágrafo primeiro são classificados como crimes próprios, pois só funcionário público competente para admitir o licitante ou para celebrar o contrato podem praticar os crimes.

2) *Sujeito Passivo* – A principal vítima é o Estado, em segundo plano o licitante prejudicado.

d) *Conduta (Tipo Objetivo)* – Conforme se observa do tipo penal, quatro são as condutas puníveis: a) admitir à licitação empresa ou profissional declarado inidôneo; b) celebrar contrato com empresa ou profissional declarado inidôneo; c) contratar coma Administração Pública na qualidade de profissional ou empresa inidônea; d) participar da licitação na qualidade de profissional ou empresa inidôneo.

e) *Elemento Subjetivo* – O elemento subjetivo do crime é a vontade consciente de praticar as condutas previstas no art. 337-M do CP, ou seja, o dolo. Não cabe a modalidade culposa neste crime, por falta de previsão expressa.

f) *Consumação e Tentativa* – Neste tipo penal a tentativa é possível. A modalidade do crime prevista no *caput*, se consuma quando ocorre admissão formal da pessoa inidônea no processo licitatório. Por sua, vez, relativo ao particular que é inidôneo, o crime se consuma quando esse entra no processo de licitação ou quando celebra o contrato.

g) *Tipo de Ação Penal* – A natureza da ação penal é pública incondicionada.

Impedimento Indevido

> Art. 337-N. Obstar, impedir ou dificultar injustamente a inscrição de qualquer interessado nos registros cadastrais ou promover indevidamente a alteração, a suspensão ou o cancelamento de registro do inscrito:
> Pena – reclusão, de 6 (seis) meses a 2 (dois) anos, e multa.

a) *Bem Jurídico Tutelado (Protegido)* – O bem jurídico protegido é o caráter competitivo que existe na licitação, igualdade entre os licitantes, bem como a legalidade do processo licitatório.
b) *Cabem Medidas Despenalizadoras* – O crime de impedimento indevido, diante da sua pena e características, admite o benefício da transação penal e suspensão condicional previstos nos arts. 76 e 89 da Lei nº 9.099/1995 e, porém, não cabe o acordo de não persecução penal nos termos do art. 28-A, § 2º, inciso I, do CPP.
c) *Sujeito Ativo e Passivo*

Sujeito Ativo – O presente crime é classificado como próprio, logo só funcionário público pode ser o autor desta infração penal. Para fins de deste crime, considera funcionário público as pessoas mencionadas no art. 327 do CP.

Sujeito Passivo – A vítima é o Estado, bem como os interessados que não conseguiram se inscrever.
d) *Conduta (Tipo Objetivo)* – A primeira parte do tipo penal apresenta um tipo penal misto alternativo, composto pelas

seguintes condutas: obstar, impedir ou dificultar a inscrição de qualquer interessado nos registros cadastrais. A segunda parte a conduta é, promover indevidamente a alteração, a suspensão ou o cancelamento de registro do inscrito.

e) *Elemento Subjetivo* – O elemento subjetivo do crime é a vontade consciente de praticar as condutas típicas previstas no art. 337-N do CP, ou seja, o dolo. Não cabe a modalidade culposa neste crime, por falta de previsão expressa.

f) *Consumação e Tentativa* – A tentativa só é possível em relação a segunda parte do tipo penal. A conduta prevista nesta segunda parte se consuma com a alteração ou suspensão ou cancelamento do registro do inscrito. Já a conduta prevista no *caput* do referido tipo penal, se consuma no momento em que o sujeito ativo dificulta ou obsta ou impede ou tenta dissuadir o interessado em realizar registro cadastral.

g) *Tipo de Ação Penal* – A natureza da ação penal é pública incondicionada.

Omissão Grave de Dado ou de Informação por Projetista

> Art. 337-O. Omitir, modificar ou entregar à Administração Pública levantamento cadastral ou condição de contorno em relevante dissonância com a realidade, em frustração ao caráter competitivo da licitação ou em detrimento da seleção da proposta mais vantajosa para a Administração Pública, em contratação para a elaboração de projeto básico, projeto executivo ou anteprojeto, em diálogo competitivo ou em procedimento de manifestação de interesse:

Pena – reclusão, de 6 (seis) meses a 3 (três) anos, e multa.

§ 1º Consideram-se condição de contorno as informações e os levantamentos suficientes e necessários para a definição da solução de projeto e dos respectivos preços pelo licitante, incluídos sondagens, topografia, estudos de demanda, condições ambientais e demais elementos ambientais impactantes, considerados requisitos mínimos ou obrigatórios em normas técnicas que orientam a elaboração de projetos.

§ 2º Se o crime é praticado com o fim de obter benefício, direto ou indireto, próprio ou de outrem, aplica-se em dobro a pena prevista no *caput* deste artigo.

a) *Bem Jurídico Tutelado (Protegido)* – O bem jurídico protegido é a proteção da licitação, a saber do planejamento e da seleção da proposta mais vantajosa para Administração Pública.

b) *Cabem Medidas Despenalizadoras* – O crime de omissão grave de dado ou de informação por projetista, diante da sua pena e características, admite o benefício da suspensão condicional do processo previsto no art. 89 da Lei nº 9.099/1995 e, também o acordo de não persecução penal previsto no art. 28-A do CPP.

c) *Sujeito Ativo e Passivo*

　1) Sujeito Ativo – Cumpre observar que neste crime admite coautoria, bem como tem como sujeito ativo o licitante.

　2) Sujeito Passivo – a vítima é o Estado.

d) *Conduta (Tipo Objetivo)* – A conduta é omitir ou modificar levantamento cadastral ou condição de contorno ou entregar à Administração Pública levantamento cadastral ou condição de contorno em relevante dissonância com a realidade.

e) *Elemento Subjetivo* – O elemento subjetivo do crime é a vontade consciente de praticar as condutas típicas previstas no art. 337-O do CP, ou seja, o dolo.

Não cabe a modalidade culposa neste crime, por falta de previsão expressa.

f) *Consumação e Tentativa* – O crime se consuma com a prática de qualquer das condutas consideradas típicas pelo art. 337 O do CP, tais como omitir levantamento cadastral ou condição de contorno (seu conceito é definido no parágrafo 1º do tipo penal). O levantamento cadastral e a condição de contorno são informações importantíssimas para realização dos projetos de obras e serviços. A tentativa é admissível nas hipóteses da modificação e na entrega, porém não abe quando ocorre a omissão.

g) *Tipo de Ação Penal* – A natureza da ação penal é pública incondicionada.

Da Pena de Multa

> Art. 337-P. A pena de multa cominada aos crimes previstos neste Capítulo seguirá a metodologia de cálculo prevista neste Código e não poderá ser inferior a 2% (dois por cento) do valor do contrato licitado ou celebrado com contratação direta.

O Código Penal levando em consideração as circunstancias do crime e capacidade econômica do réu, adota o sistema de dias-multa. Par calcular o juiz deve observar os seguintes passos:

18 – Dos Crimes em Licitações e Contratos Administrativos

1º) fixar a quantidade de dias multa – segundo determina o art. 49 do CP, o mínimo de dias multa são 10 (dez) e o máximo 360 (trezentos e sessenta);

2º) decidir o valor de cada dia-multa (não pode ser menor que um trigésimo do maior salário mínimo mensal vigente na época dos fatos e nem superior a 5 (cinco) vezes o salário;

3º) o juiz deve verificar se a multa não ficou abaixo de 2% do valor do contrato licitado ou celebrado com a contratação, devendo proceder o ajuste com base no contrato.

RESUMO DO CAPÍTULO

Contratação Direta Ilegal – art. 337-E do CP

a) *Cabem Medidas Despenalizadoras* – não cabe nenhuma medida despenalizadora e nem o acordo de não persecução penal.

b) *Sujeito Ativo* – só funcionário público pode ser o autor desta infração penal.

c) *Sujeito Passivo* – é o Estado.

d) *Elemento Subjetivo* – é o dolo.

e) *Consumação* – se dá com a celebração do contrato e com efetivo prejuízo ao erário, diante da contratação direta ilegal.

f) *Tentativa* – Não admite.

g) *Tipo de Ação Penal* – A natureza da ação penal é pública incondicionada.

Frustração do Caráter Competitivo de Licitação – art. 337-F do CP

a) *Cabem Medidas Despenalizadoras* – não cabe nenhuma medida despenalizadora e nem o acordo de não persecução penal.

b) *Sujeito Ativo* – qualquer pessoa.

c) *Sujeito Passivo* – é o Estado e os demais participantes da licitação que não participaram da fraude.

d) *Elemento Subjetivo* – é o dolo.

e) *Consumação* – com a pratica de qualquer ato com finalidade de frustrar ou fraudar o caráter competitivo da licitação.

f) *Tentativa* – é possível a tentativa.

Patrocínio de Contratação Indevida – art. 337-G do CP

a) *Cabem Medidas Despenalizadoras* – cabe o benefício da suspensão condicional do processo e o acordo de não persecução penal.

b) *Sujeito Ativo* – só funcionário público pode ser o autor desta infração penal.

c) *Sujeito Passivo* – é o Estado.

d) *Elemento Subjetivo* – é o dolo.

e) *Consumação* – a consumação deste crime se dá com a instauração da licitação ou celebração do contrato que vier ser posteriormente invalidado pelo Judiciário.

f) *Tentativa* – é possível.

Modificação ou Pagamento Irregular em Contrato Administrativo – art. 337-H do CP

a) *Cabem Medidas Despenalizadoras* – não cabe nenhuma medida despenalizadora e nem o acordo de não persecução penal.

b) *Sujeito Ativo* – só funcionário público pode ser o autor desta infração penal.

c) *Sujeito Passivo* – é o Estado.

d) *Elemento Subjetivo* – é o dolo.

e) *Consumação* – a conduta prevista na segunda parte do tipo penal se consuma com o pagamento que não respeita a ordem cronológica do art. 140 da Lei de Licitações e Contratos Administrativos nº 14.133/2021. Admite a tentativa nesta situação. Já a primeira parte do crime, se consuma com a prática da conduta típica, pouco importando as consequências que podem surgir. Não se admitindo a tentativa nesta hipótese.

Perturbação de Processo Licitatório – art. 337, I do CP

a) *Cabem Medidas Despenalizadoras* – cabe o benefício da suspensão condicional do processo previsto e o acordo de não persecução penal.

b) *Sujeito Ativo* – qualquer pessoa.

c) *Sujeito Passivo* – é o Estado e o licitante que foi prejudicado com o ato do agente do crime.

d) *Elemento Subjetivo* – é o dolo.

e) *Consumação* – a consumação da modalidade fraudar ocorre no momento da ação enganadora. Em relação ao verbo impedir, a consumação se dá quando o ato do procedimento licitatório deixa de ser praticado.

Tentativa – somente nas hipóteses de impedir ou fraudar.

Violação de Sigilo em Licitação – art. 337-J do CP

a) *Cabem Medidas Despenalizadoras* – somente cabe o acordo de não persecução penal.

b) *Sujeito Ativo* – qualquer pessoa.

c) *Sujeito Passivo* – é o Estado e o licitante que foi afastado mediante violência, grave ameaça ou fraude do procedimento licitatório.

d) *Elemento Subjetivo* – é o dolo.

e) *Consumação* – com a efetiva devassa do sigilo ou no momento que o sujeito ativo proporciona que terceiro realize a devassa.

f) *Tentativa* – é possível.

Afastamento de Licitante – art. 337-K do CP

a) *Cabem Medidas Despenalizadoras* – admite o acordo de não persecução penal, desde que a conduta não tenha violência ou grave ameaça.

b) *Sujeito Ativo* – logo qualquer pessoa.

c) *Sujeito Passivo* – é Estado.

d) *Elemento Subjetivo* – é o dolo.

Fraude em Licitação ou Contrato – art. 337-L do CP

a) *Cabem Medidas Despenalizadoras* – não cabe nenhuma medida despenalizadora e nem o acordo de não persecução penal.

b) *Sujeito Ativo* – qualquer pessoa.

c) *Sujeito Passivo* – é o Estado.

d) *Elemento Subjetivo* – é o dolo.

e) *Consumação* – quando a Administração Pública sofre o prejuízo, portanto estamos diante de um crime cuja classificação é material.

f) *Tentativa* – é possível.

Contratação Inidônea – art. 337-M do CP

a) *Cabem Medidas Despenalizadoras* – admite o benefício da suspensão condicional do processo e o acordo de não persecução penal previsto no art. 28 A do CPP nas hipóteses previstas no caput e § 2º. Já o parágrafo primeiro, só cabe o acordo de não persecução penal.

b) *Sujeito Ativo* – o sujeito ativo do parágrafo segundo é qualquer pessoa. Já o caput e parágrafo primeiro só funcionário público competente para admitir o licitante ou para celebrar o contrato podem praticar os crimes.

c) *Sujeito Passivo* – é o Estado e o licitante prejudicado.

d) *Elemento Subjetivo* – é o dolo.

e) *Consumação* – A modalidade do crime prevista no caput, se consuma quando ocorre admissão formal da pessoa inidônea no processo licitatório. Por sua, vez, relativo ao particular que é inidôneo, o crime se consuma quando esse entra no processo de licitação ou quando celebra o contrato.

f) *Tentativa* – é possível.

Impedimento Indevido – art. 337-N do CP

a) *Cabem Medidas Despenalizadoras*.

– admite o benefício da transação penal e suspensão condicional, mas não cabe o acordo de não persecução penal.

b) *Sujeito Ativo* – só funcionário público pode ser o autor desta infração penal.

c) *Sujeito Passivo* – é o Estado e os interessados que não conseguiram se inscrever.

d) *Elemento Subjetivo* – é o dolo.

e) *Consumação* – na segunda parte se consuma com a alteração ou suspensão ou cancelamento do registro do inscrito. No caput do referido tipo penal, se consuma no momento em que o sujeito ativo dificulta ou obsta ou impede ou tenta dissuadir o interessado em realizar registro cadastral.

f) *Tentativa* – só é possível em relação a segunda parte do tipo penal.

Omissão Grave de Dado ou de Informação por Projetista – art. 337-O do CP

a) *Cabem Medidas Despenalizadoras* – admite o benefício da suspensão condicional do processo previsto e o acordo de não persecução penal.

b) *Sujeito Ativo* – cumpre observar que neste crime admite coautoria, bem como tem como sujeito ativo o licitante.

c) *Sujeito Passivo* – é o Estado.

d) *Elemento Subjetivo* – é o dolo.

e) *Consumação* – consuma com a prática de qualquer das condutas consideradas típicas pelo art. 337-O do CP. O levantamento cadastral e a condição de contorno são informações importantíssimas para realização dos projetos de obras e serviços.

f) *Tentativa* – é admissível nas hipóteses da modificação e na entrega, porém não abe quando ocorre a omissão.

g) *Tipo de Ação Penal* – Todos os crimes acima mencionados são de natureza da ação penal é pública incondicionada.

19 – Atentado à Soberania

> Art. 359-I. Negociar com governo ou grupo estrangeiro, ou seus agentes, com o fim de provocar atos típicos de guerra contra o País ou invadi-lo:
> Pena – reclusão, de 3 (três) a 8 (oito) anos.
> § 1º Aumenta-se a pena de metade até o dobro, se declarada guerra em decorrência das condutas previstas no *caput* deste artigo.
> § 2º Se o agente participa de operação bélica com o fim de submeter o território nacional, ou parte dele, ao domínio ou à soberania de outro país:
> Pena – reclusão, de 4 (quatro) a 12 (doze) anos.

a) *Bem Jurídico Tutelado (Protegido)* – o bem jurídico protegido no caso deste crime é o a Soberania Nacional e segurança nacional.

b) *Cabem Medidas Despenalizadoras* – o crime de atentado a soberania em seu *caput*, diante da pena, *cabe* o acordo de não persecução penal previsto no art. 28-A do CPP.

c) *Sujeito Ativo e Passivo*

   1) Sujeito Ativo – o presente crime é classificado como comum, logo qualquer pessoa pode praticá-lo;

   2) Sujeito Passivo – a vítima deste crime é o Estado.

d) *Conduta (Tipo Objetivo)* – a conduta que é punível neste tipo penal é negociar com governo ou grupo estrangeiro, ou seus agentes, com o fim de provocar atos típicos de guerra contra o País ou invadi-lo.

e) *Elemento Subjetivo* – o elemento subjetivo do crime é o dolo, ou seja, a vontade consciente de praticar o núcleo do tipo. Não cabe a modalidade culposa neste crime.
f) *Consumação e Tentativa* – a consumação se dá com a celebração do negócio com o governo estrangeiro ou seus agentes. Admite a tentativa o crime em questão.
g) *Tipo de Ação Penal* – a natureza da ação penal é pública incondicionada.

Atentado à Integridade Nacional

> Art. 359-J. Praticar violência ou grave ameaça com a finalidade de desmembrar parte do território nacional para constituir país independente:
> Pena – reclusão, de 2 (dois) a 6 (seis) anos, além da pena correspondente à violência.

a) *Bem Jurídico Tutelado (Protegido)* – O bem jurídico protegido no caso deste crime é o a integridade e segurança nacional.
b) *Cabem Medidas Despenalizadoras* – O crime de atentado a integridade nacional, diante da pena, *cabe* o acordo de não persecução penal previsto no art. 28-A do CPP.
c) *Sujeito Ativo e Passivo*

   1) *Sujeito Ativo* – o presente crime é classificado como comum, logo qualquer pessoa pode praticá-lo.
   2) *Sujeito Passivo* – a vítima deste crime é o Estado.

d) *Conduta (Tipo Objetivo)* – A conduta que é punível neste tipo penal é praticar violência (física) ou grave ameaça (moral) com objetivo de desmembrar parte do território nacional para construir um país independente.

19 – Atentado à Soberania

e) *Elemento Subjetivo* – O elemento subjetivo do crime é o dolo, ou seja, a vontade consciente de praticar o núcleo do tipo. Não cabe a modalidade culposa neste crime.
f) *Consumação e Tentativa* – A consumação se dá com a violência ou grave ameaça. Admite a tentativa o crime em questão.
g) *Tipo de Ação Penal* – A natureza da ação penal é pública incondicionada.

Espionagem

> Art. 359-K. Entregar a governo estrangeiro, a seus agentes, ou a organização criminosa estrangeira, em desacordo com determinação legal ou regulamentar, documento ou informação classificados como secretos ou ultrassecretos nos termos da lei, cuja revelação possa colocar em perigo a preservação da ordem constitucional ou a soberania nacional:
> Pena – reclusão, de 3 (três) a 12 (doze) anos.
> § 1º Incorre na mesma pena quem presta auxílio a espião, conhecendo essa circunstância, para subtraí-lo à ação da autoridade pública.
> § 2º Se o documento, dado ou informação é transmitido ou revelado com violação do dever de sigilo:
> Pena – reclusão, de 6 (seis) a 15 (quinze) anos.
> § 3º Facilitar a prática de qualquer dos crimes previstos neste artigo mediante atribuição, fornecimento ou empréstimo de senha, ou de qualquer outra forma de acesso de pessoas não autorizadas a sistemas de informações:
> Pena – detenção, de 1 (um) a 4 (quatro) anos.

§ 4º Não constitui crime a comunicação, a entrega ou a publicação de informações ou de documentos com o fim de expor a prática de crime ou a violação de direitos humanos.

a) *Bem Jurídico Tutelado (Protegido)* – O bem jurídico protegido no caso deste crime é a ordem nacional, a integridade do território, a proteção da população e a preservação dos interesses nacionais contra todo tipo de ameaça e agressão externa.
b) *Cabem Medidas Despenalizadoras* – O crime de espionagem no seu *caput* e § 3º, diante da pena, cabe o acordo de não persecução penal previsto no art. 28A do CPP. Já o parágrafo 3º cabe a medida despenalizadora da suspensão condicional do processo do art. 89 da Lei nº 9.099/1995.
c) Sujeito Ativo e Passivo

   1) Sujeito Ativo – o presente crime é classificado como próprio, logo somente a pessoa que tem acesso aos documentos secretos e ultrassecretos e a senhas outra forma de acesso ao sistema de informação;

   2) Sujeito Passivo – a vítima deste crime é o Estado.
d) *Conduta (Tipo Objetivo)* – A conduta que é punível neste tipo penal é entregar a governo estrangeiro, a seus agentes, ou a organização criminosa estrangeira documento ou informação classificados como secretos ou ultrassecretos nos termos da lei, cuja revelação possa colocar em perigo a preservação da ordem constitucional ou a soberania nacional.
e) *Elemento Subjetivo* – O elemento subjetivo do crime é o dolo, ou seja, a vontade consciente de praticar o núcleo do tipo. Não cabe a modalidade culposa neste crime.

f) *Consumação e Tentativa* – A consumação se dá com e efetiva entrega do documento secreto ou ultrassecreto a governo estrangeiro, organização criminosa estrangeira e seus agentes. Admite a tentativa o crime em questão.

g) *Tipo de Ação Penal* – A natureza da ação penal é pública incondicionada.

Abolição Violenta do Estado Democrático de Direito

> Art. 359-L. Tentar, com emprego de violência ou grave ameaça, abolir o Estado Democrático de Direito, impedindo ou restringindo o exercício dos poderes constitucionais:
>
> Pena – reclusão, de 4 (quatro) a 8 (oito) anos, além da pena correspondente à violência.

a) *Bem Jurídico Tutelado (Protegido)* – O bem jurídico protegido no caso deste crime é a preservação do Estado Democrático de Direito.

b) *Cabem Medidas Despenalizadoras* – O crime de abolição violenta do estado democrático de direito, diante da pena, não cabe medidas despenalizadoras da Lei nº 9.099/1995 e nem o acordo de não persecução penal previsto no art. 28-A do CPP.

c) *Sujeito Ativo e Passivo*

   1) Sujeito Ativo – o presente crime é classificado como comum, logo pode ser praticado por qualquer pessoa;

   2) Sujeito Passivo – a vítima deste crime é o Estado.

d) *Conduta (Tipo Objetivo)* – A conduta que é punível neste tipo penal é a prática dos núcleos do tipo.

e) *Elemento Subjetivo* – O elemento subjetivo do crime é o dolo. Não cabe a modalidade culposa neste crime.
f) *Consumação e Tentativa* – A consumação se dá quando o exercício dos poderes é restringido ou impedido. Admite a tentativa o crime em questão.
g) *Tipo de Ação Penal* – A natureza da ação penal é pública incondicionada.

Golpe de Estado

> Art. 359-M. Tentar depor, por meio de violência ou grave ameaça, o governo legitimamente constituído:
> Pena – reclusão, de 4 (quatro) a 12 (doze) anos, além da pena correspondente à violência.

a) *Bem Jurídico Tutelado (Protegido)* – O bem jurídico protegido no caso deste crime é a preservação do Estado Democrático de Direito.
b) *Cabem Medidas Despenalizadoras* – O crime de abolição violenta do estado democrático de direito, diante da pena, não cabe medidas despenalizadoras da lei nº 9.099/1995 e nem o acordo de não persecução penal previsto no art. 28-A do CPP.
c) *Sujeito Ativo e Passivo*

   1) *Sujeito Ativo* – o presente crime é classificado como comum, logo pode ser praticado por qualquer pessoa;
   2) *Sujeito Passivo* – a vítima deste crime é o Estado.

d) *Conduta (Tipo Objetivo)* – A conduta que é punível neste tipo penal é a prática dos núcleos do tipo.
e) *Elemento Subjetivo* – O elemento subjetivo do crime é o dolo. Não cabe a modalidade culposa neste crime.

f) *Consumação e Tentativa* – A consumação se dá quando tenta depor o governo legitimamente constituído. Não admite a tentativa o crime em questão.
g) *Tipo de Ação Penal* – A natureza da ação penal é pública incondicionada.

Interrupção do Processo Eleitoral

> Art. 359-N. Impedir ou perturbar a eleição ou a aferição de seu resultado, mediante violação indevida de mecanismos de segurança do sistema eletrônico de votação estabelecido pela Justiça Eleitoral:
> Pena – reclusão, de 3 (três) a 6 (seis) anos, e multa.

a) *Bem Jurídico Tutelado (Protegido)* – O bem jurídico protegido no caso deste crime é o bom funcionamento das instituições democráticas no processo eleitoral.
b) *Cabem Medidas Despenalizadoras* – O crime de abolição violenta do estado democrático de direito, diante da pena, cabe o acordo de não persecução penal previsto no art. 28-A do CPP.
c) *Sujeito Ativo e Passivo*

   1) Sujeito Ativo – o presente crime é classificado como comum, logo pode ser praticado por qualquer pessoa;
   2) Sujeito Passivo – a vítima deste crime é a sociedade.

d) *Conduta (Tipo Objetivo)* – A conduta que é punível neste tipo penal é a prática dos núcleos do tipo.
e) *Elemento Subjetivo* – O elemento subjetivo do crime é o dolo. Não cabe a modalidade culposa neste crime.
f) *Consumação e Tentativa* – A consumação se dá quando impede ou perturba a eleição ou aferição de resultado. Não admite a tentativa o crime em questão.

g) *Tipo de Ação Penal* – A natureza da ação penal é pública incondicionada.

Violência Política

> Art. 359-P. Restringir, impedir ou dificultar, com emprego de violência física, sexual ou psicológica, o exercício de direitos políticos a qualquer pessoa em razão de seu sexo, raça, cor, etnia, religião ou procedência nacional:
> Pena – reclusão, de 3 (três) a 6 (seis) anos, e multa, além da pena correspondente à violência.

a) *Bem Jurídico Tutelado (Protegido)* – O bem jurídico tutelado no caso deste crime é a proteção ao direito de exercício de direitos políticos a qualquer pessoa, independente, de seu sexo, cor, raça, etnia, religião ou procedência nacional.
b) *Cabem Medidas Despenalizadoras* – O crime de abolição violenta do estado democrático de direito, diante da pena, cabe o acordo de não persecução penal previsto no art. 28-A do CPP.
c) *Sujeito Ativo e Passivo*

   1) Sujeito Ativo – o presente crime é classificado como comum, logo pode ser praticado por qualquer pessoa;
   2) Sujeito Passivo – a vítima é a pessoa que teve seu direito de exercer seus direitos políticos impedido, restringido ou dificultado.

d) *Conduta (Tipo Objetivo)* – A conduta que é punível neste tipo penal é a prática dos núcleos do tipo.
e) *Elemento Subjetivo* – O elemento subjetivo do crime é o dolo. Não cabe a modalidade culposa neste crime.

19 – Atentado à Soberania

f) *Consumação e Tentativa* – A consumação se dá quando a pessoa é impedida, restringida ou dificultada no seu direito de exercer seus direitos políticos. Não admite a tentativa o crime em questão.

g) *Tipo de Ação Penal* – A natureza da ação penal é pública incondicionada.

Sabotagem

> Art. 359-R. Destruir ou inutilizar meios de comunicação ao público, estabelecimentos, instalações ou serviços destinados à defesa nacional, com o fim de abolir o Estado Democrático de Direito:
> Pena – reclusão, de 2 (dois) a 8 (oito) anos.

a) *Bem Jurídico Tutelado (Protegido)* – O bem jurídico tutelado no caso deste crime são os bens móveis, imóveis e serviços do Estado que se destinam a defesa nacional.

b) *Cabem Medidas Despenalizadoras* – O crime de abolição violenta do estado democrático de direito, diante da pena, cabe o acordo de não persecução penal previsto no art. 28-A do CPP.

c) *Sujeito Ativo e Passivo*

   1) *Sujeito Ativo* – o presente crime é classificado como comum, logo pode ser praticado por qualquer pessoa;
   2) *Sujeito Passivo* – a vítima é a sociedade.

d) *Conduta (Tipo Objetivo)* – A conduta que é punível neste tipo penal é a prática dos núcleos do tipo.

e) *Elemento Subjetivo* – O elemento subjetivo do crime é o dolo. Não cabe a modalidade culposa neste crime.

f) *Consumação e Tentativa* – A consumação se dá com a efetiva destruição ou inutilização. Admite a tentativa o crime em questão.

g) *Tipo de Ação Penal* – A natureza da ação penal é pública incondicionada.

RESUMO DO CAPÍTULO

Atentado à Soberania – art. 359-I do CP

a) *Cabem Medidas Despenalizadoras* – cabe o acordo de não persecução penal previsto no art. 28-A do CPP.

b) *Sujeito Ativo* – qualquer pessoa pode praticá-lo.

c) *Sujeito Passivo* – é o Estado.

d) *Elemento Subjetivo* – é o dolo.

e) *Consumação e Tentativa* – a consumação se dá com a celebração do negócio com o governo estrangeiro ou seus agentes. Admite a tentativa o crime em questão.

Atentado à Integridade Nacional – art. 359-J do CP

a) *Cabem Medidas Despenalizadoras* – cabe o acordo de não persecução penal previsto no art. 28-A do CPP.

b) *Sujeito Ativo* – qualquer pessoa pode praticá-lo.

c) *Sujeito Passivo* – é o Estado.

d) *Elemento Subjetivo* – é o dolo.

e) *Consumação e Tentativa* – a consumação se dá com a violência ou grave ameaça.

f) Admite a tentativa o crime em questão.

g) *Tipo de Ação Penal* – a natureza da ação penal é pública incondicionada.

Espionagem – art. 359-K do CP

a) *Cabem Medidas Despenalizadoras* – cabe o acordo de não persecução penal previsto no art. 28-A do CPP. – o § 3º cabe – suspensão condicional do processo do art. 89 da Lei nº 9.099/1995.

b) *Sujeito Ativo* – somente a pessoa que tem acesso aos documentos secretos e ultrassecretos e a senhas outra forma de acesso ao sistema de informação.

c) *Sujeito Passivo* – é o Estado.

d) *Elemento Subjetivo* – é o dolo.

e) *Consumação e Tentativa* – a consumação se dá com e efetiva entrega do documento secreto ou ultrassecreto a governo estrangeiro, organização criminosa estrangeira e seus agentes. Admite a tentativa o crime em questão.

f) *Tipo de Ação Penal* – a natureza da ação penal é pública incondicionada.

Abolição Violenta do Estado Democrático de Direito – art. 359-L do CP

a) *Cabem Medidas Despenalizadoras* – não cabem medidas despenalizadoras.

b) *Sujeito Ativo* – qualquer pessoa.

c) *Sujeito Passivo* – a vítima deste crime é o Estado.

d) *Conduta (Tipo Objetivo)* – a conduta que é punível neste tipo penal é a prática dos núcleos do tipo.

e) *Elemento Subjetivo* – é o dolo.

f) *Consumação e Tentativa* – a consumação se dá quando o exercício dos poderes é restringido ou impedido. Admite a tentativa o crime em questão.

g) *Tipo de Ação Penal* – a natureza da ação penal é pública incondicionada.

Golpe de Estado – art. 359-M

a) *Cabem Medidas Despenalizadoras* – não cabem medidas despenalizadoras.

b) *Sujeito Ativo* – qualquer pessoa.

c) *Sujeito Passivo* – a vítima deste crime é o Estado.

d) *Conduta (Tipo Objetivo)* – a conduta que é punível neste tipo penal é a prática dos núcleos do tipo.

e) *Elemento Subjetivo* – é o dolo.

f) *Consumação e Tentativa* – a consumação se dá quando tenta depor o governo legitimamente constituído. Não admite a tentativa o crime em questão.

g) *Tipo de Ação Penal* – a natureza da ação penal é pública incondicionada.

Interrupção do Processo Eleitoral – art. 359-N do CP

a) *Cabem Medidas Despenalizadoras* – cabe o acordo de não persecução penal previsto no art. 28-A do CPP.

b) *Sujeito Ativo* – qualquer pessoa.

c) *Sujeito Passivo* – a vítima deste crime é a sociedade.

d) *Conduta (Tipo Objetivo)* – a conduta que é punível neste tipo penal é a prática dos núcleos do tipo.

e) *Elemento Subjetivo* – é o dolo.

f) *Consumação e Tentativa* – a consumação se dá quando impede ou perturba a eleição ou aferição de resultado. Não admite a tentativa o crime em questão.

g) *Tipo de Ação Penal* – a natureza da ação penal é pública incondicionada.

Violência Política – art. 359-P do CP

a) *Cabem Medidas Despenalizadoras* – cabe o acordo de não persecução penal previsto no art. 28-A do CPP.

b) *Sujeito Ativo* – qualquer pessoa.

c) *Sujeito Passivo* – a vítima é a pessoa que teve seu direito de exercer seus direitos políticos impedido, restringido ou dificultado.

d) *Conduta (Tipo Objetivo)* – a conduta que é punível neste tipo penal é a prática dos núcleos do tipo.

e) *Elemento Subjetivo* – é o dolo.

f) *Consumação e Tentativa* – a consumação se dá quando a pessoa é impedida, restringida ou dificultada no seu direito de exercer seus direitos políticos. Não admite a tentativa o crime em questão.

g) *Tipo de Ação Penal* – a natureza da ação penal é pública incondicionada.

Sabotagem – art. 359-R do CP

a) *Cabem Medidas Despenalizadoras* – cabe o acordo de não persecução penal previsto no art. 28-A do CPP.

b) *Sujeito Ativo* – qualquer pessoa.

c) *Sujeito Passivo* – a vítima é a sociedade.

d) *Conduta (Tipo Objetivo)* – a conduta que é punível neste tipo penal é a prática dos núcleos do tipo.

e) *Elemento Subjetivo* – é o dolo.

f) *Consumação e Tentativa* – a consumação se dá com a efetiva destruição ou inutilização. Admite a tentativa o crime em questão.

g) *Tipo de Ação Penal* – a natureza da ação penal é pública incondicionada.

Referências bibliográficas

BRITO, Alexis Couto de. *Execução penal*. 6. ed. São Paulo: Saraiva JUR, 2020.

CUNHA, Rogério Sanches. *Manual de Direito Penal*: parte geral (arts. 1º ao 120). 8. ed. rev., ampl. e atual. Salvador: JusPODIVM, 2020.

FIGUEIREDO, Ricardo Vergueiro - *Código Penal Maxiletra Constituição Federal + Código + Legislação* – 26. ed. rev. e atual. – São Paulo: Rideel, 2020.

GONÇALVES, Victor Eduardo Rios. *Curso de Direito Penal*: parte geral. São Paulo: Saraiva, 2015. v. 1.

JESUS, Damásio E. de. *Direito penal*: parte especial. 13. ed. São Paulo: Saraiva, 2007. v. 4.

MASSON, Cleber. *Direito Penal*: parte geral (arts. 1º a 120). 13. ed. São Paulo: Gen, 2019. v. 1.

NUCCI, Guilherme de Souza. *Código Penal comentado*. 9. ed. rev. atual e ampl. São Paulo: Revista dos Tribunais, 2008.

TASINAFFO, Flávio. *"Quem quer ser um milionário. Golpe do bilhete premiado ainda faz vítimas"*. Coluna "Tudo Golpe", UOL. Disponível em: <https://tudogolpe.blogosfera.uol.com.br/2019/10/12/quem-quer-ser-um-milionario-golpe-do-bilhete-premiado-ainda-faz-vitimas/?cmpid=copiaecola>. Acesso em 31 outubro 2021.